노르웨이처럼 투자하라

So werden Sie reich wie Norwegen

By Clemens Bomsdorf

노르웨이처럼 투자하라

꾸준히,

조금씩,

착하게,

세계 최고의 부를 이룬 북유럽 투자의 롤모델

클레멘스 봄스도르프 지음

김세나 옮김

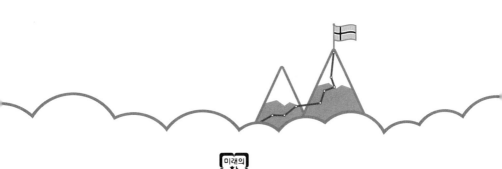

미래의창

일러두기

본서 내용중, 1유로 대 원화의 환율은 모두 1,280원으로 계산된 것입니다.

투자자들이여, 노르웨이를 보라

어떻게 자산을 늘릴 것인가?

몇 년 전부터 경제, 그리고 자신의 재정적 미래에 대해 큰 두려움을 느끼게 된 사람들이 많다. 금융위기와 주식시장 붕괴에 이어 그리스 비상사태가 발생하고 거기에 금융기관들까지 위기를 맞았다. 거기서 그치지 않고 세계 경제는 아예 제로 금리 국면으로 추락했다. 그리고 수많은 언론매체가 '보험사 투자 비상사태…… 정계에 경고', '금리 쇼크와 함께 다 날아가 버린 보험금: 이제 내 돈은 어디서 받아야 하나?', '투자자들에게 불리한 시기', '금융위기 발생 10년…… 그러나 위기는 아직 끝나지 않았다', '위기의 여파는 10년 이상 간다', '노후연금: 더 내고 덜 받는다', '붕괴 위기: 위기 지표, 1929년도 수치 넘어서' 등등, 위기를 조장하거나 과장하는 헤드라인을 뽑아내는 데 혈안이 되어 있다. 과거와는 달리 적금이나 예금 어디에서도 이렇다 할 수익이 나지 않고 있는 이런 상황에서, '매달 수입의 일부라도 제대로 투자하려면 어떻게 해야 할까?'라고 고민하는 사람들이 점점 늘어나는 추세다. 소액 혹은 이보다 약간 더 큰 규모의 금융상품에 돈을 넣어두는 것이 그 어느 때보다도 중요한 것처럼 보인다. 이는 점점 줄어드는 사회복지 혜택과도 무관하지 않다. 이제 연금만 받아서 여유 있는 생활을 한다는 것은 꿈꾸기 어렵게 됐다.

다양한 연령대의 친구와 지인들이 끊임없이 좌절을 겪고 있는데, 말을 들어보면, 돈을 어떻게 좀 늘려보려고 해도 은행들은 형편없는 제안으로 자기들을 구슬리려고만 한다는 것이다. 각자 하는 일도 다르고 형편도 다르지만 하는 이야기는 모두 똑같다. 하지만 유형별로는 약간씩 다르다. 그다지 잘 벌지 못하는 사람들은 바로 그 이유 때문에 자기가 번 돈과 절약해서 모은 돈을 어떻게든 불리려고 한다. 반면에 자신이 필요한 것보다 훨씬 더 많은 수입을 얻는 사람들은 남는 돈을 이용해 다시 수익을 얻으려고 한다. 이런 걸 보면서 나는 한 가지 생각을 떠올리게 됐다.

> 노르웨이의 현명한 정치인들은 모든 노르웨이 국민의 미래를 보장해주고자 오일펀드를 조성했다. 일반 시민들이 정기적으로 돈을 좀 따로 떼어 놓는 것처럼, 노르웨이는 국가가 석유와 가스 사업에서 나온 수익으로 그렇게 한다. 국제 금융시장에 현명하게 투자함으로써 어느덧 노르웨이의 오일펀드는 세계 최대의 국부펀드가 됐다. 노르웨이 국민 1인당 투자 금액은 2018년 1월 1일 기준으로, 대략 160,000유로(약 2억500만 원)에 유

로에 이른다. 연평균 수익률 6%로 1998년 이후 DAX(독일 종합주가지수)보다 더 훌륭한 성장세를 보이고 있는 오일펀드는 리스크도 훨씬 적다.

노르웨이 오일펀드에서 배우는 금융공식

오랫동안 나는 〈비어트샤프츠보헤〉나 〈디벨트〉, 〈포쿠스〉 등의 매체에 북유럽에서 가장 유명하면서도 가장 중요한 대형 투자자인 노르웨이 오일펀드에 관한 글을 써왔다. 지면을 통해 나는 이 펀드를 세계 최대의 국부펀드로 만들어준, 일관되면서도 리스크는 적은 투자 전략에 대해 아낌없이 칭찬했다. 이제 그 전략을 개인 투자자들도 따라 할 수 있도록 하자는 것이 내 생각이다. 노르웨이는 1971년부터 해저 유전에서 석유를 채굴하기 시작해, 1996년부터는 원유 사업에서 나오는 수익금으로 전 세계에 투자를 하고 있으며, 1998년 이후 주식으로까지 투자 대상을 넓혔다. 거대 석유회사, 스탓오일(Statoil)에 대한 국가 지분에서 나오는 분배 이익금(배당금), 석유사업에 대한 세금, 그리고 정부가 직접 참여하는 석유사업에서 발생하는 수익이 모두 공식 명칭 '노르웨이 정부 연기금(Statens Pensjonsfonds Utland)'인 노르웨이 오일펀드로 유입된다. 이로써 자국 경제가 과열되는 것을 막으면서 미래 세대 또한 노르웨이의 번영을 함께 누릴 수 있도록 하자는 것이다.

　노르웨이 오일펀드는 자신의 약속을 지켰고, 그 자산은 해를 거듭하면서 크게 늘어났다. 1998년 초 이후 이 펀드의 연평균 총수익률(총수익률과 순수익률의 차이에 대해서는 나중에 설명하기로 하겠다)은 6%

에 이르고 있는데, 이는 DAX보다 더 높은 수치다. 어느덧 노르웨이 국민의 1인당 국제 금융시장 투자 금액은 160,000유로를 넘어서고 있다. 내가 개인 투자자에게 노르웨이 오일펀드를 이상적인 본보기로 추천하고 싶은 일곱 가지 이유는 다음과 같다.

1. 이 펀드는 성공적이다.
2. 이 펀드는 투명하다.
3. 이 펀드는 바람직한 투자 상품들에 투자하고 있다.
4. 이 펀드는 비용 발생을 통제하고 있다.
5. 이 펀드는 막대한 시간투자 없이 따라 할 수 있는 전략에 의거해 돈을 투자하고 있다.
6. 이 펀드는 윤리적인 기준을 따르고 있다.

그리고 이런 장점들보다도 더 큰 중요한 사항이 있는데, 그게 바로 일곱 번째 이유다. 바로 '누구나 살 수 있는 주식과 채권에 대부분을 투자한다'는 점이다.

소액의 자금을 모으는 일은 누구나 할 수 있다. 노르웨이 역시 20년 전에 제로에서 시작했다. 1996년 5월 31일 돈이 처음으로 오일펀드로 흘러들어갔을 때만 하더라도 노르웨이 국민 1인당 투자금은 몇 유로밖에 되지 않았다. 이렇게 시작한 것이 이제는 노르웨이 연간 GDP의 2배에 육박하는 금액으로 성장했다. 이 펀드는 1998년부터 광범위한 분산 투자를 시작했는데 이때부터 연차보고서에 투자 내역과 성과가 상세히 기록됐다. 따라서 이 오일펀드의 전략을 모방하기 위해서는 특히 최근 20년간의 기록을 살펴보는 것이 크게 도움이 될 것이다.

다른 경제학자들과 언론인들도 노르웨이의 오일펀드 투자 상품과 투자 전략을 높이 평가하고 있다. 오랜 기간 〈한델스블라트〉의 북유럽 특파원으로 활동하고 있는 헬무트 슈토이어(Helmut Steuer)는 이 펀드를 가리켜 "북구의 모범"이라 칭했고, 한 국제경제학자 집단은 노르웨이의 모델이 "장기적인 투자 성공의 가능성을 극대화 해준다"고 확언했으며, 아니카 얀센(Annika Janssen)은 금융의 나라 스위스의 〈한델스차이퉁〉에 "이 펀드는 폭넓게, 지속적으로, 그리고 성공적으로 투자하고 있다"고 칭찬했다. 토마스 클렘(Thomas Klemm)은 〈프랑크푸르터알게마이네존탁스차이퉁〉에서 "투자자들이여, 노르웨이 국부펀드를 보라!"고 충고했다.

그런데 이런 수많은 칭찬에도 불구하고, 개인 투자자들이 노르웨이 오일펀드의 투자 전략을 이해하고 적극 활용할 수 있을 만큼 상세한 분석이나 설명은 제시되지 않았다. 그렇게 어려운 것도 아닌데 말이다. 그럼 이제 노르웨이인이라면 누구나 배울 수 있는 이 전략을 좀 더 가까이에서 살펴보면 어떨까? 개인 투자자들의 자산 증식을 돕기 위해 노르웨이 오일펀드의 모든 측면을 샅샅이 살펴보자는 것이다. 사실, 오일펀드와 그 구성요소들의 기본 원칙들에 관해 수년간 조사하고 분석한 사람이라면, 거기에서 자기만의 투자 전략을 배울 수 있다. 결국 오일펀드의 매니저들도 무작위로 투자 목표를 설정하는 것이 아니라, 기대수익률의 극대화를 추진하되 정책적으로 주어진 기본 여건에 따라 행동할 뿐이다.

이렇게 보면, 노르웨이 오일펀드의 투자 전략도 결코 비밀이 아니다. 그렇기 때문에 누구나 이 전략을 따라 할 수 있다. 여기에서 중요한 건 바로 '실행'이다. 결국 본질을 파악하기 위해서는 이 펀드의 연차보고서와 다른 관련 문서들, 그리고 정책까지 모두 꼼꼼하게 살펴봐야 하기 때문이다. 이 자료들은 노르웨이 오일펀드의 웹사이트(www.nbim.no)에서 살펴볼 수 있는데, 그 내용이 매우 방대할 뿐만 아니라 영어로 된 아주 딱딱한 전문 금융용어로 작성돼 있고 심지어 대부분의 내용은 노르웨이어로만 제공되고 있다. 노르웨이의 투명성 덕분에 난 이 책의 집필에 필요한 포트폴리오의 주요 내용들과 그 추이, 주요 결정의 배경에 이르기까지 당신에게 필요한 정보들을 수집하고 거기에서 개인 투자자들에게 적용해도 좋을 법한 규칙들을 도출해 정리할 수 있었다.

이 모든 과정을 당신이 그저 똑같이 모방하는 데 그치지 않고, 필요에 따라 추가 자료까지 검토할 수 있도록 해주고자, 나는 이 오일펀드에 관해 노르웨이가 인터넷에 게재한 정보들도 따로 정리해뒀다. 또한 인터넷에서 찾을 수 있는 다른 서비스 제공자들의 데이터들도 극소수의 예외를 제외하고는 모두 제시해놓았다.

책의 구성

1장은 당신도 전략적인 자산 투자를 통해 지속적으로 자산을 증식할 기회를 가질 수 있다는 사실을 보여주고 있다. 이와 더불어 당신이 '노르웨이식으로' 투자할 경우 달성하게 될 것에 대한 맛보기도 제시하고 있다.

2장에서는 노르웨이 오일펀드에 대한 간략한 설명과 함께 이 펀드가 어떻게 이루어져 있고 그동안 어떻게 발전해왔는지를 알 수 있게 했다. 여기에서 핵심은 바로 정책과 사람, 그리고 노르웨이 오일펀드의 역사가 제시하는 수많은 시사점이다. 노르웨이가 지금과 같이 부유하게 된 것은 삶에 대한 특별한 사고방식과도 관련이 있다. 노르웨이 정치인들과 시민들은 단기적으로 생각하지 않고 멀리 미래를 내다보며 생각하는 데 익숙해져 있다. 당신도 그래야 한다. 만약 당신이 경제적으로 성공하길 원한다면 말이다. 또한 당신은 여기에서 자산 투자의 수익률을 제대로 평가하려면 어떤 점에 유의해야 하는지도 알게 될 것이다. 그 밖에도 우연이라는 것이 주식시장에서 얼마나 큰 역할을 하는지, 그리고 노르웨이 오일펀드의 투자 전략을 지향하면서 당신이 우연적 요소를 어떻게 이용할 수 있을지도 배우게 될 것이다.

3장은 노르웨이 오일펀드를 본격적으로 낱낱이 파헤치고 있다. 또 주식과 채권 및 부동산이 어떠한 역할을 하고, 그것들이 몇 년에 걸쳐 수익률에 어떠한 영향을 끼쳐왔는지를 보여준다. 이렇게 노르웨이 오일펀드를 전체적으로 살펴봄으로써 당신은 시장의 변화 양상에 대해 감을 잡을 수 있게 될 것이고, 또 정책적인 지침들이 노르웨이 오일펀드의 포트폴리오에 어떻게 반영되고 있는지도 알게 될 것이다. 나아가 이 모든 것들은 당신으로 하여금 노르웨이 오일펀드의 투자 전략에 대해 좀 더 배우고 싶다는 욕구를 느끼게 만들어줄 것이다.

4장은 노르웨이 오일펀드 투자 전략의 주요 기준들을 개인 투자자의 시각에서 집중 조명하고 있으며, 당신이 지금까지 배운 것들을 토대로 노르웨이 금융공식을 실천하기 위한 여덟 가지 단계를 도출하고 있다.

5장은 노르웨이 금융 공식의 실천 방법을 주로 다루고 있다. 여기에서 당신은 노르웨이의 본보기를 따라 자신의 미래 펀드를 어떻게 실현해낼 것인지를 배우게 될 것이다. 특히 어떻게 당신의 방식대로 주식과 채권에 분산 투자할 것인지, 그리고 매월 투자 총액을 어떻게 산정할 것인지 등에 관한 명쾌한 설명을 듣게 될 것이다.

6장에서는 윤리적인 투자 문제가 좀 더 자세하게 다루어지고 있다. 노르웨이 오일펀드는 투자 대상을 선택할 때 윤리적인 기준을 따르고 있다. 5장에서 소개한 상품들도 이 윤리적인 기준들을 충족한다. 6장에서는 노르웨이 오일펀드가 어떠한 기준을 제시하고 있고 또 이로써 무엇을 달성했는지, 어떻게 하면 당신 스스로가 좀 더 윤리적으로 투자할 수 있는지를 살펴보게 될 것이다.

7장에서는 노르웨이 오일펀드에서 '절대 따라 하지 말아야 할 투자 방식'이 무엇인지를 배운다. 여기에서 당신은 개인 투자자로서 하지 말아야 할 전략적인 사항들을 배우게 된다. 물론 어떻게 하면 당신이 더 잘할 수 있을 것인지에 대한 참고사항도 얻을 수 있다.

　마지막으로 8장은 그토록 간단하면서도 성공을 보장하는 노르웨이의 투자 방식을 왜 소수의 개인 투자자들만 따라 하고 있는지에 대한 심리적인 부분을 다루고 있다. 당신은 너무나도 인간적인 거부감이 주식시장에서의 성공을 가로막는 걸림돌이 되고 있다는 걸 알게 될 것이고, 이를 통해 장기적으로 부정적인 결과에서 벗어나는 법을 배우게 될 것이다.

차례

1.

금융위기에도 패닉 대신 성공을 거두다

저금리 시대와 불확실한 미래로 인해 금융자산 관리가 더욱 신중해질 수밖에 없게 됐다. 자, '신중', '금융자산', 그리고 '관리'라는 단어가 한 문장에 다 들어 있다. 아주 어렵고 따분하게 들린다. 하지만 꼭 그래야 한다는 법은 없다. 이 책에서 나는 노르웨이 오일펀드의 투자 전략을 토대로 노르웨이의 투자공식을 도출해봤다. 이 공식대로 한다면 이제부터 하루에 2유로씩만 투자해도 10년이면 10,000유로(1,280만 원)를 갖게 될 것이다. 하루 투자금을 10유로(12,800원)로 늘린다면 20년 후에는 무려 160,000유로(2억480만 원), 혹은 그 이상을 달성할 수 있다. 노르웨이 오일펀드처럼만 한다면 말이다.

돈이 스스로
일하게 하라

'저축한다'라고 하면, 일반적으로 '덜 지출하다' 또는 '돈을 좀 따로 떼어놓다'라는 의미로 해석된다. 이는 단순히 돈을 보관하는 것일 뿐, 돈이 스스로 일하도록 하는 것과는 거리가 멀다. 정말 잘못된 접근법이다. 돈이라는 것은 현재보다 미래에 가치가 더 높아질 수 있도록 반드시 활용되고 투자되어야 하는 것이기 때문이다. 이런 맥락에서, 전통적인 형태의 저축만으로는 충분하지가 않다.

> 온 세계가 '저축'에 대해 떠들어대고 있다. 그런데 이제는 이를 전통적인 의미가 아니라 '투자'로 이해해야 한다. 이 책에서도 그런 뜻으로 사용하고 있다. 당신의 자산을 일부 따로 떼어놓기만 하는 것이 아니라, 그걸 의미 있게 활용해서 돈이 스스로 일을 하게끔 한다는 의미다. 그렇게 하지 않는다면, 그건 인턴 사원이 있는데도 그 사람을 쓰지 않고 혼자 힘들게 일하는 것이나 마찬가지다. 당신의 자산을 10년, 20년, 혹은 30년 후에 더 큰 돈으로 불리는 것이 중요하다. 그런 의미에서 노르웨이의 사례를 본받아 계획적으로 모으고 불리는 당신의 자산을 그냥 쉽게 '미래펀드'라고 부르자.

돈 걱정 없이 여윳돈을 쌓아두고 있는 사람들이 있는 반면, 형편없는 수익률에 수수료만 비싼 투자 상품으로라도 몇 푼이나마 벌어보려고 하는데 이조차 맘대로 안 되는 상황에 처해 있는 사람들도 있다. 이런 상황을 오래도록 방치해서는 안 된다. 자본주의에는 많은 단점이 있지만 한 가지 분명한 장점도 있다. 거의 누구나 고대로부터 내려오는 방법인 자신의 노동력뿐만 아니라 투자를 통해서도 돈을 벌 기회를 가질 수 있다는 사실이다.

"주식? 난 절대로 안 살 거야. 돈을 잃을까 봐 너무 무섭단 말이야!" 친구들이나 지인들로부터 늘 듣는 말이다. 이해가 안 되는 것은 아니나, 그들이 오해하는 부분이 있는 것도 사실이다. 왜냐하면 손실이라고 해서 모두 다 똑같은 손실은 아니기 때문이다. 주식의 가치는 매우 심하게 변동한다. 그래서 자신의 예치 계좌를 들여다보고 있으면 분명히 마이너스가 될 때가 있다. 하지만 중요한 것은 그 돈이 완전히 없어지는 것은 아니라는 점이다. 혼란스럽고 이해하기 어려운가? 몇 가지 사례를 들어 이 원리를 좀 더 분명하게 설명해보도록 하겠다.

전통적인 의미의 금전 손실은 비교적 분명하게 일어난다. 당신이 어떤 식으로든 돈을 잃을 때에 생기는 일이다. 길거리에서 돈을 잃어버리거나, 가방을 잃어버리거나, 새것과 다름없는데 반값에 팔아야만 하는 물건이 있을 때 당신은 금전적인 손실을 입는다. 여기에서 한 가지 공통점은 바로 '돈'을 손해봤다는 점이다. 당신은 예전보다 더 가난해진 것이다. 만약 당신이 오늘 주식 하나를 10유로에 매수해 내일 8유로에 매도한다면, 그 과정에서 발생하는 비용을 계산에 넣지 않고도 2유로의 손실을 보게 된다. 이건 누구나 알 수 있다. 그런데 만약 당신이 이 주식을 보유하고 있는 상태에서 장부상으로만 2유로 줄어든 것이라면, 이는 회계상 손실(accounting loss)일 뿐이다. 회계상 손실은 원칙적으로 돈을 완전히 잃은 것이 아니다. 왜냐하면 이건 일시적인 현상으로서, 만약 주식 가격이 다시 상승하게 되면 손실이 보전되고 심지어 수익으로 전환될 수도 있기 때문이다.

만약 당신이 주택을 보유하고 있다면 적어도 중간에 한 번은 엄청난 회계상 손실을 겪었을 가능성이 높다. 특히 구입 직후에는 더욱 그랬을 것이다. 부동산 중개인에게 지불하는 중개수수료 및 취득세와 등록세 등 많은 비용은 몇 달 후에 그 부동산을 되팔더라도 돌려받을 수 없는 것이기 때문이다. 부동산 가격은 오르락내리락하게 돼 있다. 하지만 주택은 주식처럼 계속 거래되지 않는다. 따라서 자신이 보유한 부동산의 가치를 날마다 확인하는 사람이 아니라면 주택이 때로 회계상 손실을 낸다는 사실을 인지하고 있는 사람은 거의 없다.

> 금전적 손실은 실제 현실화되었을 때만 존재한다. 그렇지 않은 경우는 참을 만하다. 다만 심리적으로 문제가 될 뿐이다. 만약 투자 자산의 가치가 하락하더라도 그것이 장부상으로만 머물러 있다면 그 손실을 현실화하지 않고 투자 가치를 다시 끌어올리거나 다른 곳에서 발생한 수익으로 상쇄할 수 있다.

이 책에서 기대해도 좋은 것과 기대해선 안 될 것들

이 책은 단계적으로 노르웨이의 투자공식을 실천할 수 있도록 안내할 것이다. 이를 통해 당신은 개인 투자자로서 노르웨이 오일펀드의 전략을 따라 할 수 있다. 책에 소개된 내용과 조언들을 따름으로써, 어쩌면 몇 주 후에 노르웨이 국부펀드처럼 엄청난 돈을 체계적으로 투자할 수 있게 될지도 모른다. 분명한 것은 노르웨이 오일펀드처럼 장기적으로 성공할 수 있는 당신만의 개인 포트폴리오를 갖게 될 것이라는 점이다.

이 책은 구체적인 투자법을 제시할 뿐만 아니라, 금융계의 숨은 기본 지식까지도 제공한다. 당신은 시장이 어떻게 기능하는지, 노르웨이 오일펀드의 전략이 왜 옳은지에 대해서도 알게 될 것이다. 궁극적으로 당신은 이 펀드의 방식을 맹목적으로 따르기보다 자신만의 응용 전략을 갖게 될 것이다. 이때 필요한 전문 금융 용어는 이 책을 읽어나가면서 배울 수 있다.

또 하나 말하고 싶은 것은, 지극히 인간적이지만 잘못된 행동들이 지혜로운 투자 전략을 지속적으로 실행하는 데 걸림돌이 될 수 있다는 사실을 이해해야 한다는 것이다. 그래야만 금융 시장에서 체계적인 성공을 거둘 수 있다. 대체 그 이유가 무엇인지를 이해한다면 장애물을 극복하고 장기적인 성공을 거둘 가능성이 더 높아진다. 당신은 이 책에서 많은 사람들이 투자를 할 때 왜 그렇게 헤매는지, 정확히 무엇을 잘못하고 있는지를 구체적으로 경험하게 될 것이다. 이를 경제심리학을 이용해 설명할 예정이다. 행동재무학(Behavioural Finance)이라고 불리는 이 분야에서 노벨상을 수상한 학자들이 이미 여럿 나왔는데, 가장 최근에는 2017년 노벨 경제학상을 받은 리처드 탈러(Richard Thaler)가 있다.

대다수 개인 투자자들이 비용 면에서나 실제 투자 면에서나 시장 평균치보다 더 좋은 결과를 내지 못하고 있다는 사실을 보여주는 연구 결과가 수없이 많이 나와 있다. 그럼에도 불구하고 많은 이들이 자신만큼은 지수를 이길 수 있다고 믿는다. 이러한 오류가 일어나는 것에 대한 심리적·논리적 배경을 이해한다면 앞으로 투자를 더 잘할 가능성이 매우 높아진다. 이를 통해 장기적으로 비용을 낮추고 위험을 감소시키면서 시장에 훌륭하게 뿌리를 내릴 방법을 알 수 있게 되기 때문이다.

많은 재무 컨설턴트들이 추천하는 주식 선택 기준은 너무 복잡하다. 다들 커다란 수익을 약속하지만, 이해하기가 매우 어려운 데다 엄청난 시간까지 들여야만 실행이 가능하다. 아마추어 투자자들에겐 사실상 실천 불가능한 전략이다. 그들이 약속한 수익이 나올 가능성도 희박하다. 장기적으로 경제성이 있는지조차 의문스럽다. 이론적으로는 매우 유용할지 모르나 개인 투자자들이 지속적으로 따라 할 수 없는 조언들이 대부분이다. 그들의 조언을 실천하려면 한 번이 아니라 계속해서 많은 시간을 투자해야 하기 때문이다. 그럴 의욕은 고사하고, 대체 누구에게 그럴 만한 시간이 있단 말인가? 엑셀표를 꼼꼼히 들여다보면서 수시로 업데이트를 할 만큼 한가한 사람은 거의 없다. 게다가 이보다 더 즐겁고 중요한 일이 우리 인생에 얼마나 많은가!

　나는 이 책에서 어떻게 해야 가능한 한 적은 시간과 비용을 들여 훌륭한 성과를 낼 수 있는지 보여주고자 한다. 물론 이 성과란 평균 이상의 수익률을 뜻한다. 당신이 보통 저금, 수수료가 높은 은행의 주식 펀드나 부동산 펀드, 또는 임대 주택에 시간과 비용을 들여 투자했을 때 거둬들이는 것보다 더 높은 수익률 말이다. 당신의 자산 투자를 위해 일 년에 몇 시간만 할애하면 된다고 해보자. 여기엔 자산 증식 외에 또 하나의 중요한 장점이 있다. 바로 인생을 더 느긋하게 즐길 수 있다는 것이다. 결국 돈이 전부가 아니니라는 것을 노르웨이인들은 잘 알고 있다. 꼭 금전적인 부(富)만을 중요하게 여기지 않기에 그들은 세계에서 가장 행복한 국민들 중에서도 최상위군에 자리하고 있는 것이다.

노르웨이 투자공식을 이용하면, 현재 통상 0~0.7%에 머물고 있는 연 수익률 대신 4~7%, 즉 10배 혹은 그 이상의 수익률을 올리는 것이 가능하다. 노르웨이의 선례를 따라 자산 투자 포트폴리오를 훌륭하게 구성하고 비용 지출을 한눈에 파악하게 된다면, 당신도 그처럼 좋은 실적을 거둘 수 있다. 그리고 쥐꼬리만 한 이자를 받으며 비싼 상품에 돈을 묻어두고 있는 대다수 사람들보다 훨씬 더 나은 수익을 올리게 될 것이다. 이는 연간 12% 이상의 수익률을 낼 수 있다고 큰소리 쳤다가 결국 공수표로 그치고 마는 복잡한 투자 모델보다 훨씬 더 매력적이다.

노르웨이 투자공식의
놀라운 성과

저마다 투자하려는 나름대로의 이유가 있다. 모두에게 공통되는 한 가지 이유가 있다면 바로 미래에 지금보다 더 많이 갖기를 원한다는 것이다. 그럼 이제, 일단 노르웨이 투자공식을 따라 할 경우 어떤 결과를 얻을 수 있는지 구체적인 수치로 이야기해보도록 하자.

노르웨이 오일펀드는 20년도 안 되는 기간에 노르웨이 국민 모두에게 1인당 160,000유로(약 2억 500만 원)가 넘는 돈을 안겨줬다. 1998년, 그러니까 지금으로부터 20여 년 전에, 당신이 노르웨이의 투자전략을 따랐다면 지금 당신의 미래펀드에 한화로 2억 원이 넘는 돈이 쌓여 있을 것이라는 얘기다. 베를린에서는 작은 주택 한 채를 구입하기에 충분한 금액이며, 다른 소도시들에선 이 돈으로 대저택까지 구입할 수 있다. 또 이 돈이면 테슬라 S 모델을 두 대나 살 수 있다. 자녀 여러 명의 대학 학비도 지원해줄 수 있고, 10~20년간 더 많은 연금을 받을 수도 있으며, 연고지 축구 클럽의 중요한 스폰서가 될 수도 있고, 그린피스나 앰네스티인터내셔널의 든든한 후원자가 될 수도 있다.

이제 당신은 도대체 어떻게 투자하면 20년 만에 그 금액이 될 수 있는지 궁금해졌을 것이다. 노르웨이 투자공식과 노르웨이 오일펀드의 역사적인 수익률에 따르면 매월 300유로(약 38만 원)를 투자하는 것으로 충분했다. 물론 적지 않은 돈이다. 반론하지 않겠다. 하지만 생명보험이나 주택청약, 혹은 다른 투자 상품에 얼마나 돈이 들어가는지를 한번 따져보기 바란다. 그런 것들을 조금 아끼거나 조정해서 당신의 미래펀드에 찔러 넣을 만한 돈을 마련할 수 있는 방법은 분명히 많이 있을 것이다.

20년이라는 오랜 투자 기간도 눈여겨봐야 한다. 당신이 실현하게 될 수익률이 처음에는 미미하다가 시간이 지나면서 점점 더 커진다는 걸 의미하기 때문이다. 현명한 투자를 통해 매월 늘어나는 자산이 결국에는 당신이 정기적으로 저축하는 자산보다 더 커지게 된다. 현재 노르웨이 오일펀드의 총 자산 중 50%는 투자원금, 나머지 50%는 자산 투자에서 발생한 수익으로 구성돼 있다. 투자 기간이 길어질수록 이른바 복리 효과를 통해 더 많은 수익을 얻게 되는 구조다. 가령 투자 기간이 20년에서 40년으로 2배 늘어나면, 매월 300유로씩 똑같은 금액을 투자할 경우 20년 만기 결산액인

〈표 1〉 노르웨이 오일펀드 수익률을 기준으로 한 기간별 월 투자액과 만기 총액

연 수익률	투자 기간	월 불입액 및 만기 총액(유로)			
		30	100	300	1,000
6%	10년	5,300	17,700	53,000	177,000
6%	20년	16,000	53,300	160,000	533,000
6%	30년	36,500	122,000	365,000	1,218,000

160,000유로의 2배인 320,000만 유로가 돌아오는 것이 아니라 무려 750,000유로를 손에 쥐게 된다. 이것이 바로 복리의 마법이다.

〈표 1〉은 당신이 노르웨이 투자공식을 적용해서 노르웨이 오일펀드만큼 역사적인 수익률을 실현할 경우, 매월 불입액에 따라 얼마만큼의 총액을 달성할 수 있는지를 보여준다. 여기에서 불입액은 유럽중앙은행이 제시한 물가상승률에 따라 연 2%씩 높아지는 것으로 가정한다. 그렇게 되면, 매월 100유로씩 투자하는 것만으로도 적잖은 금액을 달성할 수가 있다. 30년간 불입한다면 그 금액은 무려 122,000유로(약 1억5,600만 원)를 넘어서는데, 이 정도면 향후 15년간 매월 1,000유로(약 128만 원)씩 지출하고도 남는 돈이다.

살펴봤듯이, 노르웨이 투자공식을 활용해 체계적으로 투자해 돈이 스스로 일을 하도록 한다면, 상당한 거액을 손에 쥘 수 있다. 물론 적절한 수익률을 달성한다는 것을 전제로 하는 이야기다. 당연한 말이겠지만 여기에도 위험은 늘 있다. 그럼에도 꽤 현실적인 투자 전략이라는 것이 이미 노르웨이의 사례를 통해 증명되고 있다.

2.

노르웨이 오일펀드 -
투자의 롤모델

그렇다면 노르웨이는 천문학적 규모의 오일펀드를 어떻게 조성할 수 있었던 것일까? 일단, 노르웨이가 자국의 영토를 어떻게 다룰지에 대해 아주 현명한 태도를 취했다는 점을 들 수 있다. 그것도 지하에 석유와 가스라는 보물이 가득하다는 사실을 알기 훨씬 전부터 말이다. 또 한 가지 부러운 사실은, 부유한 나라 노르웨이에는 당장 선거에서 이기기 위해 헛된 공약을 남발하는 정치인들보다 나라 전체를 위해 미래지향적인 결정을 내리는 정치인들이 많았다는 점이다. 이 두 가지 조합이 지금도 노르웨이를 금융 분야의 롤모델로 만들고 있다. 이 장에서는 노르웨이가 어떻게 부를 쌓을 수 있었는지뿐만 아니라, 그 투자 전략의 배경과 규정들까지도 함께 살펴보기로 한다.

엄청난 결과를 가져온 행운의 발견

자기 나라 앞바다에서 석유를 발견한다는 것은 로또 당첨에 견줄 만하다. 석유는 액체로 된 금이나 다름없으니 말이다. 충분한 양이 발견돼서 채굴 수익성이 있다고 판단되면, 그저 지상으로 끌어올려 팔기만 하면 된다. 하지만 석유를 찾는 것은 오랜 시간이 걸리며 비용 또한 많이 드는 일이다. 해저 시추는 더욱 그렇다. 석유가 있을 것으로 추정되는 바다 밑 수천 미터나 되는 곳에 커다란 앵커를 박아 부유 플랫폼을 만들어야 한다. 그렇기 때문에, 그 귀하디귀한 원료가 존재할 현실적인 가능성이 도대체 어느 곳에 있는지를 파악하기 위해 최대한 정확하게 연구를 해야 하는데, 일단 여기에 많은 시간이 소요된다.

> 훌륭한 주식을 찾는 일은 석유를 찾는 일과 비슷하다. 장기적으로 성공을 거두려면 언제나 그 주변을 맴돌면서 부지런히 탐색하고 관련된 조언을 경청해야 하며, 투자에 따른 위험이나 조언들, 투자 실패까지도 견뎌내야만 한다. 다행히도 그러한 자금 투자의 위험을 줄일 수 있는 방법이 있다. 그게 뭔지는 이 책을 읽어나가는 동안 배울 수 있을 것이다.

"석유 당첨"이라는 크리스마스 선물

올라프 크리스티안센(Olav Christiansen)이 전화벨 소리를 들은 건 자신이 일하던 오슬로의 산업부 사무실에서 짐을 챙겨 막 나가려던 때였다. 1969년 크리스마스 이브 전날이었다. 석유 매장지를 찾기 시작한 지 벌써 1년이 다 돼가고 있었지만 아무런 성과가 없었다. 그 전화는 미국 석유회사 필립스석유(현 코노코필립스)의 사장 에드 조빈(Ed Jobin)으로부터 걸려온 것이었다. 수화기 너머에서 그는 소리쳤다. "올라프, 메리 크리스마스! 하늘이 우리에게 석유라는 선물을 췄어요!"

필립스석유는 사실 이미 그해 늦여름 유전을 발견했으나 그 사실을 12월 23일이 되어서야 노르웨이 정부에 알렸다. 그때까지 유전의 석유 매장량과 상업성을 가늠하느라 추가 시추 결과를 기다리고 있었던 것이다. 그리고 가을이 되자, 모든 기대치를 훌쩍 넘어서는 결과가 나왔다. 역사상 세계 최대 규모의 해상 유전이라는 사실이 밝혀진 것이다. 물론 전부 시추하는 데는 시간이 오래 걸리겠지만 경제성은 아주 분명했다.

훗날 에코피스크(Ekofisk)라고 불리게 된 이 유전은 1971년 생산에 들어가 지금까지 약 6억5천만SCM(Standard Cubic Meter)으로 환산되는 양의 원유를 시추했다. 앞으로도 수십 년은 더 시추가 가능할 것으로 예상된다. 그 엄청난 경제성과 상징적인 의미 때문에 에코피스크는 노르웨이 남부 라인리에 있는 그 유명한 목조교회나 북쪽 알타에 있는 암각화처럼 노르웨이 문화유산으로까지 여겨지고 있다. "에코피스크는 여러 면에서 독특하다. 석유 업계에서는 그 엄청난 매장량 때문에 '코끼리'라고 부르고 있다. 매장량으로 따지자면 노르웨이 대륙붕의 최대 유전이다. 주 매장지는 해저 3천 미터에 있다"고 노르웨이 스타방에르 석유박물관의 크리스틴 오여야데(Kristin Øye Gjerde)는 말한다.

부(富)를 향한 첫 번째 선택

노르웨이 앞바다에 귀중한 원료가 매장돼 있을 것이라고는 오랫동안 그 누구도 믿지 않았다. 1958년 외무부 앞으로 온 한 문서에도 "석탄, 석유 또는 황이 노르웨이 바다 대륙붕에 존재할 가능성은 무시해도 좋다"고 나와 있다. 발신인은 바로 지하자원과 해양자원을 탐사하는 국영기관인 노르웨이 지질조사소(NGU)였다. NGU는 노르웨이의 국토와 그 국토에 잠재된 가능성을 가장 잘 알고 있는 전문가 집단이었다.

노르웨이 경제에는 다행스럽게도, 외국 전문가들은 NGU와 다른 견해를 보였다. 1962년 가을, 필립스석유의 지질학자들은 독일 본 주재 노르웨이 대사관을 찾았다. 노르웨이 대륙붕을, 그러니까 노르웨이 앞바다의 해저 지역을 좀 더 정확하게 살펴보고 싶다는 것이었다. 3년 전 네덜란드 흐로닝언과 인접한 북해에서 가스가 발견됐기 때문이었다. 이후 국제 석유 기업들은 다른 유럽 해양에도 관심을 갖기 시작했다. 필립스석유는 거대 경쟁 기업들이 유럽 중앙에 위치한 덴마크와 영국에 집중하면서 노르웨이에는 일말의 관심조차 두지 않는다는 사실을 깨달았다. 비교적 작은 기업인 필립스석유는 그 가능성을 인지하고, 노르웨이 앞바다 전체를 샅샅이 조사할 수 있도록 해달라고 요청했다. 지구물리학자들은 해저의 성분을 조사함으로써 지하자원이 있을 가능성을 파악하고자 했다.

이 시점까지만 해도 노르웨이와 영국, 그리고 덴마크 사이의 해상 경계가 아직 마련되지 않은 상태였다. 외무부에 근무하고 있던 젊은 법학자 카를 아우구스트 플레이셔(Carl August Fleischer)와 그의 상사 아이나르-프레드릭 오프스타드(Einar-Fredrik Ofstad)는 노르웨이가 자국 대륙붕에 대한 권리를 주장하도록 했을 뿐만 아니라, 그곳에서 나오는 모든 지하자원의 채굴에 민간 기업들이 참여할 수 있도록 하되 그 소유권은 노르웨이 정부가 갖도록 확정했다. 이 두 규정은 훗날 노르웨이의 막강한 부에 결정적인 역할을 한다. 대륙붕에 대한 권리 없이는 노르웨이 인근 해역의 석유가 노르웨이 국민에게 아무런 도움이 되지 않았을 것이고, 또 지하자원에 대한 권리를 국가가 소유하지 않았다면 그곳에서 진행된 석유 사업도 국민과는 별로 상관이 없었을지도 모르기 때문이다. 아슬레 스크레더베르게트(Asle Skredderberget)는 그의 저서 《엄청난 부》에서 자원에 대한 노르웨이의 소유권을 못 박아놓은 조항들에 대해 이렇게 결론 내리고 있다. "1960년대, 1970년대, 그리고 1980년대에는 노르웨이 석유 사업의 토대를 제공했고, 1990년대에는 노르웨이가 오랫동안 석유 자원으로 다음 세기까지 충분히 살아갈 수 있게 해줄 펀드를 마련하도록 해줬다. 이 조항들이 없었더라면, 노르웨이는 오늘날 오일펀드를 갖지 못했을 것이다."

이것만 봐도, 노르웨이 석유 사업과 오일펀드에 관련된 정부 관계자들과 정치인들이 노르웨이의 공익을 우선적으로 생각하고 자신들이 속한 특정 엘리트 집단이나 대기업보다 국민의 이해를 중시한다는 걸 알 수가 있다. 자원이 풍부한 다른 많은 국가들의 경우 대부분이 자원으로부터 챙기는 게 별로 없었다. 그 자원을 제대로 다루지 못했기 때문이다. 수많은 원유생산국, 특히 남미와 아프리카에선 오늘날 부가 오직 극소수의 주머니 속으로만 들어가고 대다수 국민들에게는 아무것도 돌아오지 않고 있다.

세계에서 가장 부유한 나라가 되다

석유와 가스를 향한 노르웨이의 경주는 1966년 여름에 시작됐다. 그러나 허탕의 연속이었다. 아무것도 발견되지 않은 것이다. 그래서 필립스석유의 시추 플랫폼 릭오션트래블러가 이듬해 다른 장소를 시추한 끝에 석유를 찾아냈을 때 그 기쁨은 배가 되었다. 그러나 그것도 잠시였다. 발데르(Balder)라고 불린 이 매장지는 당시 경제성 측면에서 큰 의미가 없는 것으로 밝혀졌기 때문이다. 1999년이 돼서야 비로소 이 유전은 개발 수익을 내기 시작했다. 석유 사업에서는 긴 호흡이 필요하다. 에소(Esso)나 셸(Shell) 같은 거대 석유 기업들도 노르웨이 앞바다에서 수년간 시추를 했다. 시추공 하나를 뚫고 이어서 또 하나를 뚫는 방식으로 모두 30회 이상 시추를 했다고 전해진다. 여기에 지진 연구와 시험 시추까지 더하면, 성공하기까지 그보다 훨씬 더 많은 시추가 이루어졌다고 봐야 한다.

작은 기업이었던 필립스석유도 성과가 없긴 마찬가지였다. 1969년에는 아예 포기하려고까지 했다. 그러나 노르웨이 정부는 사전에 약속한 대로 계속 조사하든지 아니면 계약 위반에 따른 벌금을 내든지 양자택일하라고 고집했다. 노르웨이 정부는 석유를 채굴할 가능성이 높다고 보고 사업 허가권을 부여했기에, 석유 매장지 탐사에 대한 의무 조항을 계약서에 포함시켰던 것이다. 필립스석유는 비용만 들어가고 가능성은 없어 보이는 시추 작업을 계속하느니 차라리 북해를 떠나고 싶은 심정이었다. 하지만 추가 시추 비용만큼이나 계약 위반에 따른 벌금도 위협적이었기에, 필립스석유는 1969년 여름 마지막으로 한 번만 더 시도해보기로 결정했다. 그리고 그것은 결코 후회하지 않을 결정이 됐다. 그다음 시도가 잭팟을 터뜨린 것이다. 수심 3,000미터의 에코피스크가 바로 그것이었다. 이 필드에는 석유와 가스가 단순히 매장돼 있기만 한 것이 아니라 상업성까지 있었다. 그것도 규모 면에서 전 세계를 통틀어 역대 모든 오프쇼어 매장지를 넘어서는 크기였다.

1971년 처음으로 에코피스크에서 채굴된 석유가 판매되기 시작했다. 개발 이후 수십 년 동안 필립스석유는 수많은 시추 플랫폼을 설치해 그 거대한 유전에서 나오는 귀중한 원료를 펌프로 뽑아 올려서 가공하고 수송했다. 현재 운영업체 코노코필립스는 그런 시설 12개를 운영하고 있으며, 이 중 일부는 해저에 있다. 이후 노르웨이 앞바다에서 이루어진 수많은 시험 시추가 성공을 거두면서 지금까지 101개나 되는 새로운 유전이 발견되었다. 2016년 말에서 2017년 초를 기준으로, 매장량이 바닥난 일부 유전을 제외하고 80개의 유전에서 계속 석유를 뽑아 올리고 있다.

에코피스크에서는 지금까지도 석유와 가스가 채굴되고 있다. 이 유전을 발견한 지 35주년을 맞아 그 가치를 따져본 결과, 약 1,500억 유로(약 192조 원)로 추산됐다. 노르웨이 국민 1인당 약 37,500유로(약 4,800만 원)에 달하는 수치다. 이러한 수치를 볼 때,

노르웨이가 석유와 가스 사업에서 나온 돈으로 그렇게 큰 펀드를 조성할 수 있었다는 건 결코 놀라운 일이 아니다. 노르웨이의 부는 해저에, 그리고 국제 금융시장에 있다. 세계은행에 따르면, 1965~2016년 기간에 노르웨이는 세계에서 가장 부유한 나라 순위 11위에서 3위로 껑충 뛰어올랐다.

돈의 축복을 대하는
현명한 자세

지하자원 덕분에 노르웨이처럼 갑자기 부유해진 국가들은 많이 있다. 하지만, 그렇듯 예상하지 못했던 뜻밖의 축복에 제대로 대처한 나라는 별로 없다. 오히려 국민들이 막대한 지하자원의 혜택을 받기는커녕 고통을 겪는 경우도 많다. (석유로 인한) 부가 경제적으로 악영향을 줄 수 있다는 사실이 어쩌면 이해가 안 될 수도 있을 것이다. 국민경제학자들은 이를 가리켜 '자원의 저주(resource curse)'라고 한다. 이는 우선 국민 전체에게 돌아가야 할 부를 소수의 엘리트 계급이 착복하고, 돈을 빼돌리고, 교육이나 환경보호 같은 다른 부문들을 완전히 소홀히 한 데서 발생하는 문제점이다. 다른 한편으로는, 어느 한 수출 분야의 커다란 성공(노르웨이는 원료의 대부분을 수출하고 있다)이 그 국가의 통화 강세로 이어질 수 있다는 점을 들 수 있다. 하지만 노르웨이 오일펀드의 경우처럼, 원료 수출로 벌어들인 돈의 대부분을 해외에 투자하면 이로 인해 환율 상승 요인이 완화되면서 경제의 부담이 줄어들어 소위 '네덜란드 병'이라는 것이 발생하지 않게 된다.

네덜란드 병이란 무엇인가

수십 년 전 네덜란드는 자국에서 막대한 양의 가스를 발견했지만, 노르웨이처럼 미래를 내다보면서 현명하게 행동하지 못했다. 그 수입을 해외에 투자하지 않은 것이다. 빠르게 성장하는 석유사업은 높은 수익률을 약속하면서 엄청난 투자금을 끌어들였다. 반대로 오래전에 뿌리를 내린 산업 부문들은 상대적으로 등한시됐다. 가스의 높은 수출 비중은 결과적으로 네덜란드 통화, 휠던(gulden)의 환율을 치솟게 만들었고 이로 인해 다른 부문들은 경쟁력을 잃었으며 신용대출금은 싸졌다. 환율 인상의 여파가 이어지면서, 외화 기준의 이자 지불금과 대출금은 네덜란드 통화로 측정했을 때 시간이 흐를수록 낮아졌다. 이와 동시에 휠던 강세 때문에 소비자들의 수입 수요가 증가하면서 이로 인해 다시 내수 경제가 계속 약화됐다. 또한 호황 산업 부문에서 좀 더 높은 임금을 지불할 수 있게 되자 여타 부문들의 임금 또한 상승했고 이는 전체 국민경제에 부정적인 영향을 끼쳤다.

호황이 지나가자, 네덜란드의 경제 성장도 중단됐다. 원료 가격이 떨어지면서 국내 통화도 하락했고, 이로써 수입이 줄어들기만 한 것이 아니라 외화로 받은 채무금이 증가하면서 국민경제가 압박을 받게 됐다. 이후 국민경제학자들이 '네덜란드 병(Dutch Disease)'이라는 용어를 만들어냈고, 이 용어는 1977년 영국 경제전문지《더 이코노미스트》에 실리면서 완전히 정착됐다.

노르웨이 오일펀드는 네덜란드 병에 걸리지 않기 위한 노르웨이식 처방전이라고 하겠다. 자원 사업에서 들어오는 수입을 해외에 외환으로 투자함으로써, 노르웨이 크로네에 대한 수요를 제한해 자국 통화의 강세를 막는 것이다. 이를 통해 노르웨이는 석유가 없는 미래를 대비하고 다른 부문들이 계속 경쟁력을 유지하도록 하고 있다. 미래를 내다보는 이러한 대응법에 대해 미국 경제학자이자 노벨상 수상자인 조지프 스티글리츠(Joseph Stiglitz) 교수는 칭찬을 아끼지 않는다. "천연자원을 여러 세대에 도움이 되는 방식으로 투자하는, 현명한 대책을 제시하고 있는 노르웨이는 경탄 받아 마땅하다."

노르웨이 오일펀드는 오슬로 시내 중심가의 1980년대식 건물에 있는 노르웨이 중앙은행 본부에서 통제된다. 노르웨이 중앙은행에는 국가 정책에 따라 오일 자금을 관리하는 부서인 노르웨이은행 투자운영회(NBIM: Norges Bank Investment Management)도 속해 있다. 이곳의 한 단출한 사무실에서 세계 최대 국부펀드의 CEO인 잉베 슬링스타드(Yngve Slyngstad)가 일하고 있다. 이 펀드의 과제를 그는 다음과 같이 정의한다. "국가 차원의 저축을 지원함으로써, 석유 자산이 미래 세대에도 도움이 될 수 있도록 하는 것이다."

미래를 준비하는 노르웨이 오일펀드

2017년 10월 27일은 노르웨이 오일펀드 역사에서 기록할 만한 날이었다. 바로 이날 엄청난 흑자 발표를 할 수 있었기 때문이다. 노르웨이 오일펀드는 연초 이후 9.8%의 수익률을 달성했고, 주식 시장에서는 무려 13.8%의 수익을 기록했다. 잉베 슬링스타드 대표는 공식 기자회견을 통해 "올해 우리는 모든 자산등급에서 역대 최고의 결과를 냈으며, 특히 주식 시장에서 매우 훌륭한 발전을 보였다"고 밝혔다. 노르웨이 오일펀드는 1998년 광범위한 투자를 시작한 이후 연 평균 6%의 수익률을 기록했다. 그리고 2017년 첫 9개월 동안만 무려 600억 유로 이상의 수익을 냈다.

자산 가치가 어마어마하게 상승한 덕분에, 펀드 규모는 2017년 9월 30일을 기준으로 약 8,450억 유로(약 1,082조 원) 규모에 달했다. 같은 해 주식 배당금만 110억 유로에 이르렀다. 이후 6분기 연속으로, 즉 1년 반 동안 노르웨이 오일펀드는 계속 몸집을 불려나갔다. 이는 매우 좋은 일이지만, 물론 영원히 지속될 수는 없다. 이 점에 대해서는 2017년 8월 상반기 기자회견에서 이미 언급이 있었다. 시장의 특성상, 앞으로는 더 이상 이렇게 가치가 계속 상승할 수 없을 것이라는 내용이었다.

노르웨이는 지극히 이성적으로 행동하는 몇 안 되는 국가 중 하나다. 갈수록 더 많은 부채를 쌓아올리면서 국민들의 삶을 폐허로 내몰고 나아가 세계 경제에까지 커다란 문제를 야기하는 수많은 국가들과 달리, 노르웨이는 지속적인 저축과 투자를 실행해오고 있다. 대다수 국가들이 비참한 상황으로 내몰리는 동안, 노르웨이는 오일펀드의 투자 방식으로 막대한 자산을 축적했다. 이와 비교해 독일은 현재 재정 흑자를 보이고는 있지만 1인당 부채가 약 24,000유로나 된다. 이런 점에서 볼 때, 우리는 노르웨이를 본받을 필요가 있다. 그건 바로 미래를 훌륭하게 준비하고 있다는 점이다.

언제나 수익을 낸 건 아니다: 노르웨이 오일펀드의 성과

투자의 핵심은 수익률이다. 앞서 언급했듯이 1998년 이후 노르웨이 오일펀드는 연 평균 6%의 수익률을 기록했다. 이 말은, 100,000유로라는 종잣돈이 20년 만에 320,000유로가 넘는 금액이 됐다는 뜻이다. 아직도 운이 좋은 사람이라면 현재 은행 예금으로 0.2~0.6%의 이자를 받고 있을지도 모른다. 이는 같은 기간에 100,000유로가 고작해야 104,000~113,000유로가 됐을 수 있다는 얘기다. 이런 쥐꼬리만 한 수익률은 물가상승률보다도 낮을 것이고, 모인 금액은 저축한 사람을 배부르게 하기보다는 오히려 더 배고프게 할 것이다. 노르웨이 오일펀드는 이와 달리 실질적으로 훨씬 더 많은 수익을 낳았다. 물론 이 펀드의 투자 성과는 〈표 2〉에서도 볼 수 있듯이 연도별로 매우 상이하다. 그렇지만 이게 다가 아니다. 위험이 클수록 수익도 높다는 이론과 유사하게(물론 이 이론은 반복적으로 입증되고 있다), 시간이 흐를수록 자산등급도 상이한 발전 양상을 보였다.

〈표 2〉 노르웨이 오일펀드의 성과(1998~2017년)   단위: %

연도	펀드 전체 수익률	채권 수익률	주식 수익률	비교: DAX
2017(9월 30일까지)	9.8	2.8	13.8	11.7
2016	6.9	4.3	8.7	6.9
2015	2.7	0.3	3.8	9.6
2014	7.6	6.9	7.9	2.7
2013	16.0	0.1	26.3	25.5
2012	13.4	6.7	18.1	29.1
2011	-2.5	7.0	-8.8	-14.7
2010	9.6	4.1	13.3	16.1
2009	25.6	12.5	34.3	23.8
2008	-23.3	-0.5	-40.7	-40.4
2007	4.3	3.0	6.8	22.3
2006	7.9	1.9	17.0	22.0
2005	11.1	3.8	22.5	27.1
2004	8.9	6.1	13.0	7.3
2003	12.6	5.3	22.8	37.1
2002	-4.7	9.9	-24.4	-43.9
2001	-2.5	5.0	-14.6	-19.8
2000	2.5	8.4	-5.8	-7.5
1999	12.4	-1.0	34.8	39.0
1998*	9.3	9.3	12.9	17.2
평균 수익률	6.0			5.7

* 주식 포트폴리오는 1998년에야 비로소 만들어졌으며, 이에 따라 노르웨이 오일펀드의 1998년도 성과에 거의 영향을 주지 않았다. 채권 쪽 수익률과 펀드 전체의 수익률은 반올림을 해서 서로 동일한 연 수익률을 보이고 있으며, 반올림을 하지 않으면 채권 쪽 수익률이 주식 수익률로 탄력을 받은 펀드 전체의 수익률보다 더 낮다.
* DAX 성과는 1년 전의 성과와 연계한 연말 가치를 토대로 하고 있다.

수익률이란 무엇인가

농업에서는 감자를 수확물로 보는 것처럼, 금융 자산에서는 돈을 수확물로 본다. 그리고 이를 가리켜 수익률(yield/return)이라고 한다. 종종 성과(performance)라는 용어로도 사용된다. 상이한 자산들의 수익률을 비교할 수 있도록 하기 위해, 수익률은 원 투자금에 대한 비율로 표현된다. 영어로 yield라고 하는 용어는 일반적으로 배당금이나 이자와 같은 고정 지불금에 대해 사용되고, return은 추가적으로 가격의 변동까지도 포함한 개념이다.

농업에서는 수확물이 재배 면적 1헥타르당 감자 몇 톤이라는 식으로 표현된다면, 투자에서는 백분율(rate of return)로 표현된다. 예를 들어, 당신이 10,000유로를 투자해 15,000유로를 회수한다면, 수익률은 50%가 된다.

투자에서 중요한 것은 전체 기간 동안의 수익률이다. 즉, 당신이 20년간 투자한다고 가정하면, 20년 후에 당신의 목표가 달성되어야 한다는 것이다. 그 사이에 일어나는 일은, 좀 과장해서 말한다면, 중요하지 않다. 그저 회계상 손실 또는 회계상 이익일 뿐이기 때문이다.

일반적으로 연 수익률(annual yield/annual rate of return)을 계산하는 것은 1년 동안의 성과를 비교하기 위해서다. 이를 위해서는 그해 1월 1일 시점의 투자 가치와 같은 해 12월 31일의 투자 가치를 비교 검토한다. 그 사이 배당금 또는 기타 수익이 이미 지불됐다면, 이것 역시 계산에 반영한다. 매도나 추가 매수도 마찬가지다. 이렇게 하면 여기에서 인플레이션,

비용 및 세금 전 총수익이 나온다. '순수익'이라는 용어는 다양하게 사용되는 경우가 많은데, 적어도 비용(거래 수수료 및 예치 수수료)은 고려한다. 따라서 순수익은 총수익보다 더 적을 수밖에 없다. 총수익에서 비용을 제하고 남은 값이기 때문이다. 그리고 나면 또 세금이 부과된다. 이 세금을 제하고 나면 세후 순수익이 나오는데, 이걸 흔히 그냥 순수익이라고 부르는 경우가 많다. 구체적인 상품의 공식 수익률을 이야기할 때 흔히 비용과 세금은 고려되지 않는데, 왜냐하면 비용과 세금은 상품마다 커다란 차이가 있기 때문이다. 비용은 당신이 좀 더 유리한 은행이나 저렴한 상품을 선택함으로써 크게 줄일 수가 있다.

사례를 하나 더 들어보자. 어떤 해의 1월 1일에 10,000유로를 주고 매수한 주식을 그해 연말에 10,573유로에 매도했다. 이는 573유로의 가치 상승, 즉 5.73%(573÷10,000×100)의 총수익을 의미한다. 여기에서 은행이 거래 수수료 33유로와 예치 수수료 20유로를 가져가서, 이 53유로를 제하면 수익은 520유로가 되고 이로써 순수익은 5.2%가 된다. 비용을 제하기 전 5.73%라는 연수익은 결과적으로 비용을 제한 후에는 5.2%가 되기 때문에. 이 사례에서 수수료율은 0.53%다.

총수익과 순수익이라는 용어 외에 실질수익(real rate of return)이라는 용어도 자주 언급되는데, 이는 인플레이션을 반영한 것이어서 일반적으로 좀 더 낮게 나온다. 결과적으로 중요한 건 바로 이 실질수익이다. 실질수익은 세전이나 세후 및/또는 비용 공제 전이나 후로 계산된다.

물가가 해마다 1.5%씩 상승하고 당신의 자산도 정확히 그만큼 증가한다면, 당신은 실질적으로 얻은 게 아무것도 없다. 구매력 손실과 수익이 서로 상쇄되면서, 당신의 구매력이 연초보다 더 나아지지 않았기 때문이다. 따라서 만약 당신의 투자가 얼마나 성공했는지를 알고 싶다면 언제나 실질(순)수익을 정확하게 계산해야 한다.

노르웨이 오일펀드는 1998년 이후 연 평균 수익률 6%를 기록했는데, 연간으로 따지면 −23.3~+25.6% 사이를 오갔다. 붕괴가 있었던 2008년과 시장이 다시 급속도로 회복된 그 이듬해에 바로 이러한 엄청난 상승과 하락이 있었던 것이다. 두 극단적인 경우를 제외하면, 2002년이 가장 성과가 저조했고(-4.7%) 2013년이 최고의 성과를 보였다(+16.0%).

이러한 수익률 차이는 채권과 주식의 비교에만 국한되지 않는다. 개별 부문들은 해마다 매우 상이한 양상을 보이고 지역적으로도 차이가 크다. 예를 들어, 2010년(무작위로 선택한 해)에는 노르웨이 오일펀드의 주식 쪽 투자금의 절반이 유럽에 투자됐고, 35%는 북미(미국과 캐나다; 아프리카와 중동을 대상으로 한 아주 약간의 투자금까지 여기에 포함돼 있다)에, 그리고 15%는 아시아와 오세아니아에 투자됐다. 이때 노르웨이 오일펀드에 들어 있던 주식은 유럽에서 8% 정도 수익을 냈다. 그리 나쁘지 않은 결과다. 하지만 나머지 두 지역에서 낸 수익률과 비교하면 절반도 채 되지 않았다. 이 두 곳에서는 각각 19%의 수익률을 낸 것이다. 이로써 주식 등급의 전체 자산 가치는 13% 증가했다. 또 지역에 상관없이 화학과 금속 같은 기초산업 부문의 주식 가치가 모두 25% 증가한 반면, 금융 부문의 주식은, 특히 유럽 쪽이 약세를 보임으로써 4% 증가에 그쳤고, 유틸리티 부문은 이보다 더 나빠 오히려 2% 빠지기까지 했다. 연도에 상관없이 좀 더 자세하게 살펴보면, 늘 성과 면에서 차이를 보이기 마련이다. 어느 한 지역이 더 앞서가다가도 다시 다른 지역이 더 좋은 결과를 내곤 한다. 부문별 양상도 이와 마찬가지다.

> 노르웨이 오일펀드는 굉장히 폭넓은 분산 투자를 하면서도 포트폴리오 구성을 자주 바꾸지 않아, 언제 어느 부문 혹은 어느 지역이 앞서 나가는지가 수익률에 크게 영향을 끼치지 않는다. 훌륭한 포트폴리오의 핵심은 평균 수익률이 좋고, 관리하는 데 돈과 시간이 많이 들어가지 않는다는데 있다.

노르웨이 오일펀드를 포함하여 모든 펀드의 투자 매니저들은 시장과 기업을 면밀하게 파악함으로써 시장보다 더 나은 성과를 내는 종목을 고르려고 한다. 그런데 노르웨이 오일펀드의 경우에는 매니저들의 종목 선별 부담이 비교적 덜한 편이다. 왜냐하면 시장에 매우 폭넓게 투자하는 이 펀드의 성격상 개별 종목의 비중 차이가 극히 적기 때문이다. 1998년부터 2017년 3분기 말까지 노르웨이 오일펀드는 주식의 경우 영국 FTSE의 글로벌 지수, 채권의 경우 블룸버그 지수로 구성된 벤치마크 지수보다도 0.27%P 더 높은 수익률을 냈다.

수십억짜리 펀드의 경우, 자금을 적극적으로 관리하기 위해서는 비용은 물론 막대한 시간과 노력이 필요하다. 더욱이 노르웨이 오일펀드는 규모가 매우 커서, 지수를 수동적으로 따르는 것이 늘 가능한 것은 아니다.

개인 투자자인 당신 역시 투자 성과에서 소수점 이하 자리를 무조건 포기해서는 안 되지만, 대가를 최소화할 필요는 있다. 예를 들어, 연평균 성과가 6.0%인데 거기에서 0.2%P만 높여 6.2%가 된다면, 20년으로 계산했을 때 분명 차이는 있지만 그래도 거기에 들어가는 모든 노력과 수고가 정당화되는 것은 아니다. 매월 300유로를 20년간 투자한 경우, 전자는 약 160,000유로가 되지만 후자는 여기에서 약 3,400유로가 더 많아진다. 이 금액이 해마다 몇 주일 동안 몇 시간씩 더 컴퓨터 앞에 앉아 시간을 보내면서 포트폴리오를 바꾸는 데 들인 노력을 다 보상해준다고는 할 수가 없다.

단타 거래를 선호하는 개인 투자자들이 시간적인 비용은 차치하고서라도, 거래를 자주 하지 않는 투자자들보다 일반적으로 더 적은 수익률을 낸다는 수많은 연구 결과들이 있다는 점도 명심하라. 이는 전자가 (적절한 벤치마크를 따르는) 시장보다 더 높은 목표를 달성하는 경우가 거의 없기 때문이다. 단타에 익숙한 투자자들은 기껏해야 아주 적은 수익을 내거나 그도 아니면 아예 손실을 볼 뿐이고, 여기에 더해 잦은 거래로 인해 수수료만 더 냄으로써 수익이 더욱 감소한다. 때로는 수수료 절감을 통해 연 0.5%의 수익을 더 낼 수도 있음을 기억하기 바란다.

어떻게 성과를
계산할 수 있을까

수익률의 계산과 평가를 할 때 조심해야 할 부분들이 있다.

- 평균 수익률을 계산하는 방법은 매우 다양하다.
- 복리 효과가 흔히 간과된다.
- 환율 효과는 해외 주식에 투자할 때 수익에 영향을 미치지만, 장기적으로는 무시해도 괜찮다.
- 비용이 수익을 갉아먹는다.
- 물가 상승은 실질 구매력을 감소시키므로, 실질수익을 계산할 때 반드시 고려해야 한다.
- 자본 수익은 공제 한도를 초과하는 경우 과세 대상이다. 다시 말해, 수익이 더 감소할 수 있다.

평균 수익률과 복리 효과

자산 투자의 성공은 일반적으로 일정 기간 동안 거둔 연평균 수익률로 표현된다. 1,000유로를 투자해 1년 동안 50유로가 증가한다면, 이는 연평균 수익률이 5%라는 것을 의미한다. 이건 계산이 어렵지 않다. 몇 년에 걸쳐 가치를 높이려고 할 경우엔 계산이 더 복잡해진다. 1,000유로의 투자금으로 3년 후에 150유로를 벌었다면 총 수익률은 15%인데, 이 경우 연평균 수익률은 5%가 아니라 그보다 적은 4.8%이다. 복리 효과를 고려해야 한다는 것이 바로 이 때문이다. 투자원금에 전년도에 발생한 수익이 더해져 계속해서 이익을 창출하는 것이다. 1,000유로가 투자 1년 차에는 1,048유로가 되고, 2년 차 말까지 50유로(1,048유로의 4.8%) 증가한 1,098유로로 늘어난 뒤, 여기서 다시 52유로(1,098유로의 4.8%)의 이익을 내는 것이다. 이렇게 해서 최종 금액은 1,150유로가 된다.(가독성을 고려해 소수점 이하 수치는 덜어냈다.)

연평균 수익률이 5%라면 1,158유로에 가까운, 다시 말해 아까보다 조금 더 많은 금액으로 마무리가 될 것이다. 복리 효과는 시간이 지나면서 점점 더 강하게 작용하고, 결국에는 장기 저축 시의 안정적인 이자보다도 더 많은 이자를 낳는다는 것을 이 사례를 통해 알 수 있다.

환율 효과

노르웨이 오일펀드처럼 외화, 즉 자국 통화가 아닌 다른 외국 통화에 투자하는 상품의 경우, 이것이 투자 상품의 통화로 계산되는지 아니면 자국 통화로 계산되는지에 따라서 연간 가치가 크게 차이가 날 수 있다는 사실에 유의해야 한다. 환율이 변동할 경우(환율 효과), 이는 매우 당연한 일이다.

미국에 투자를 했는데 1년 만에 미 달러화로 10%의 수익을 냈다고 가정해보자. 이 경우, 유로화로 환산한 성과는 더 나쁘게 혹은 더 좋게 나올 수 있다. 이 기간에 유로화의 가치가 달러화보다 하락했다면, 유로화로 평가한 수익률에는 긍정적으로 작용한다. 왜 냐하면 똑같은 100유로에 대해서 1년 전보다 더 많이 받기 때문이 다(달리 표현하자면, 똑같은 숫자의 유로에 대해 달러를 더 적게 지불해도 된다는 의미다. 유로 대 달러의 환율이 이 경우 하락한 것이다). 반대로 유로화가 강 세를 띠면 부정적인 영향을 받게 된다. 100유로를 사는 데에 1년 전보다 더 많은 달러가 필요하기 때문이다. 환율은 변동하게 돼 있 다. 이것이 바로 위험인 동시에 기회이기도 하다. 장기 투자 시에는 이런 위험 회피가 현실적으로 다가오지 않기 때문에 그다지 크게 신경쓰지 않아도 된다. 수십 년을 한 단위로 볼 때 환율은 이 기간 중 크게 변동하지 않는 게 일반적이며, 환율과 반대 방향으로 움직 이는 유가증권으로 인해 변동 폭이 부분적으로 상쇄되기도 하기 때문이다.

주가변동성이란 무엇인가

통화, 주가, 채권 가격 및 다른 다양한 상품들의 가치에는 한 가지 공통점 이 있다. 시장 가격이 변동한다는 것이다. 물론 그 기복은 매우 상이하다. 이러한 변동의 잣대가 바로 주가변동성(Volatility)이다. 주가변동성은 일정 기간(흔히 1년) 동안의 평균 가격에서 얼마만큼 차이가 나는지에 따라 계산 된다. 연간 10% 상승했지만 그 사이에 가치가 50% 올랐다가 70% 하 락하기도 했었던 유가증권이 있다고 해보자. 이 유가증권의 연간 수익률 은 10%로 동일하지만 변동폭이 심하지 않은 증권, 가령 +/- 5%의 변동성을 지닌 다른 유가증권보다 더 위험하다고 볼 수 있다. 주가변동성이 높으면 가격 하락 시점에 반드시 팔아야만 하는 위험도 증가한다. 따라서 주가변동성은 위험의 척도이기도 하다.

노르웨이 오일펀드는 다양한 통화에 투자하지만, 노르웨이 크로네에는 투자하지 않는 것을 원칙으로 한다. 투자 성과, 즉 특정 기간 내 펀드의 가치 상승률은 일반적으로 NBIM이 적절한 통화 바스켓, 즉 주요 통화들의 꾸러미와 이 펀드의 국제 구매력을 토대로 발표한다. 이 책에서 언급되고 있는 수익률 또한 통화 바스켓으로 측정된 것이다. 비교를 위해 여기에서 잠시 두 개의 값을 들어보겠다. 크로네로 측정된 노르웨이 오일펀드의 수익률은 2017년 처음 9개월 동안 6.6%였다. 그런데 통화 바스켓으로 측정했을 때에는 이보다 훨씬 높은 9.8%였다. 이것은 이 기간에 크로네가 강해졌기 때문이다. 1998~2016년 기간의 성과에서는 앞서 언급한 기간보다 조금 적은 차이를 보인다. 이 기간 중 연평균 수익률이 크로네로는 6.7%인 반면, 통화 바스켓으로는 5.7%로 나타났다. 장기적인 관점에서 보자면 평균적인 환율 변동이 그다지 크지 않았기 때문이다. 이 차이를 없애고자 뭔가를 하려고 한다면 비용(통화 거래 비용)이 들 것이고, 결국에는 본래의 전략에서 벗어나게 되는 것이다.

비용, 인플레이션, 세금

자금을 운영할 때 늘 고려해야만 하는 세 가지 요소가 있다. 바로 비용, 인플레이션, 그리고 세금이다. 이 세 가지는 모두 실질수익률을 감소시킨다. 비용의 감소는 우리가 어떻게 하느냐에 따라 다소 증감이 가능하지만 나머지 두 요소에는 우리가 영향을 주기가 어렵다.

인플레이션은 나라마다, 그리고 연도 별로 상당히 차이가 있다. 하지만 당신도 분명히 알고 있을 것이다. 모든 것의 값이 오르고 있다는 걸 말이다. 슈퍼마켓의 물품들도, 신문 구독료도, 버스나 지하철의 요금도, 자동차도 그렇다. 이러한 가격 인상을 인플레이션이라고 한다.

유럽중앙은행은 인플레이션 목표 수치를 2%로 잡고 있다. 따라서 미래에는 물가가 평균 2% 정도 상승할 것으로 예상된다. 다시 말해, 인플레이션으로 인해 현재 1,000유로의 가치는 7년 후에 1,000유로 밑으로 떨어질 것이기 때문에 당신의 저축액도 해마다 그에 상응해 늘려야 한다는 뜻이다. 이 책의 계산 모델은 보통 저축률이 매년 2%씩 높아진다는 전제에서 출발하고 있다. 이는 결국, 이렇게 가정한 인플레이션이 급여 인상률과 동일하거나 이보다 낮은 한, 소비가 지금과 같은 수준으로 계속 이뤄진다는 것을 의미한다.

이자도 받지 못하면서 그저 떠도는 부동자금이 얼마나 돈의 구매력을 상실시키는지를 계산하는 간단한 방법으로 '72 규칙'이라는 것이 있다. 이 숫자를 연간 인플레이션으로 나누면, 앞으로 몇 년 이내에 구매력이 반감될지가 나온다. 유로권의 인플레이션 목표율은 평균 연 2%다. 이 경우 1,000유로의 구매력은 36년이 지나면 500유로로 떨어진다. 이 간단한 계산법은 반대로 주어진 이자율 조건에서 자본이 몇 년 후면 2배가 될지 계산하는 데도 사용할 수 있다. 연 이자율 2%로 1,000유로를 36년 동안 투자하면 만기시 2,000유로가 된다. 이 경우, 이자율이 6%면 2,000유로가 되는데 12년밖에 걸리지 않는다.

1998년 초 이후 노르웨이 오일펀드의 연평균 수익률은 6%에 이르고 있으며, 지난 5년 동안에는(2017년 9월까지) 심지어 9.2%까지 올랐고, 지난 12개월 동안에는 이보다도 더 높아 무려 12.2%를 기록했다. 비용과 인플레이션을 감안하면 이들 수치는 각각 4.1%, 7.9%, 그리고 10.3%가 된다. 그러니까 이것이 이 기간 동안의 실질 순수익률인 것이다.

투자 수익률은 대개 물가 상승을 반영하지 않고 발표된다. 중요한 것은 물론 결국 실질순수익률이다. 그럼에도 불구하고 역사적으로 총수익률을 살펴보는 것은 나름 의미가 있다. 총수익률은 매우 일반적으로 사용되는 수치여서, 투자자들은 보통 이 수치에 더 좋은 느낌을 갖기 때문이다. 따라서 이 책에서 말하는 노르웨이 오일펀드의 역사적인 수익률은 총수익률을 의미한다. 하지만 당신이 당신만의 포트폴리오를 결정할 때는 물가상승률을 반영한 미래의 실질수익률을 알아봐야 할 것이다. 이유는 아주 간단하다. 보통 미래의 특정 시점에 얼마만큼의 돈을 원하는지를 계산하는 경우에는 20년간의 인플레이션을 고려하지 않고 현재의 금전 가치를 기준으로 계산하는 경우가 많기 때문이다.

마지막으로, 자본 이득도 과세 대상임을 반드시 기억해야 한다. 국가는 당신의 근로 소득에서와 마찬가지로 투자로 얻은 수익에서도 뭔가를 가져가려고 한다. 세금과 마찬가지로 인플레이션은 수익을 계산할 때 일반적으로는 일단 무시된다. 하지만 이 사실을 알고 있는 한, 크게 문제가 되지 않는다. 특히 인플레이션과 세율은 변화가 잦기 때문에 더욱 그렇다. 투자의 실질 이익을 미리 계산하고자 한다면, 세금과 인플레이션에 관해서는 어느 정도 특정한 가정을 전제함으로써 나중에 놀라는 일이 없도록 하는 것이 좋다. 물가 상승에 관해서는 유럽중앙은행이 목표하는 대로 연 2%를 받아들이면 될 것이다. 세금의 경우에는 이보다 예측이 좀 더 어렵다.

1996년 5월 기준으로 2억 3,000만 유로로 시작했던 오일펀드의 금액은 2017년 말이 되자 약 8,650억 유로라는 믿을 수 없는 금액이 됐다. 놀라운 점은 이 금액의 절반만이 실제 투자 원금이라는 사실이다. 그리고 이와 거의 맞먹는 금액이 현명한 투자에 의해 발생됐고, 거기에 복리 효과가 더해진 것이었다. 이렇게 자산 투자의 성과에 있어서 수익의 중요성은 해를 거듭할수록 더 커진다.

격동의 시기에 개인 투자자들은 소극적인 자세를 보이거나 심지어 '매도'에 나서는 경향이 있다. 이들은 시장이 안정된 이후에야 비로소 제자리로 돌아온다. 이 때문에 수익은 대부분 놓치고 손실만 본다. 매우 나쁜 조합이다. 반면 노르웨이 오일펀드는 이와 거리가 멀다. 투자금과 연간 수익률을 비교해보면, 자본 시장이 위아래로 요동치든 말든, 그 동요의 폭이 얼마나 크든 말든, 노르웨이 오일펀드는 계속해서 투자한다. 따라서 시장에 진입하기 위한 완벽한 시간(이걸 '시장 타이밍'이라고 한다)을 기다리면서 매수를 하지 못하는 경우는 절대로 없다. 이 전략의 또 다른 긍정적인 효과에 대해서는 앞으로 다시 배우게 될 텐데, 그건 바로 리밸런싱(Rebalancing)이다.

노르웨이 오일펀드의 투자금 및 가치 변동을 분석하면 다음과 같은 두 가지 핵심 결론에 이르게 된다.

1. 펀드 수익률은 해마다 변한다. 중요한 것은 만기 시의 평균 수익률이다.
2. 연간 투자금액은 시장 상황과 무관하다.

이로써 노르웨이 투자 공식의 한 가지 구성요소는 바로 '일관성' 임을 알 수 있다.

<표 3> 노르웨이 오일펀드의 연도별 투자금(1998~2017년)   단위: 유로

연도	투자금	국민 1인당	매월 1인당	연간 수익률(%)
2017(9월 30일까지)	(4,965,737,052)	(939)	(104)	9.8
2016	(11,302,597,445)	(2,149)	(179)	6.9
2015	4,802,859,377	921	77	2.7
2014	17,597,624,919	3,407	284	7.6
2013	30,606,887,190	5,991	499	16.0
2012	36,926,040,886	7,310	609	13.4
2011	34,776,582,912	6,975	581	−2.5
2010	22,730,678,923	4,620	385	9.6
2009	19,361,860,572	3,985	332	25.6
2008	46,718,738,594	9,735	811	−23.3
2007	39,175,077,664	8,270	689	4.3
2006	35,771,953,795	7,642	637	7.9
2005	27,474,929,127	5,921	493	11.1
2004	16,484,500,985	3,579	298	8.9
2003	12,993,665,588	2,839	237	12.6
2002	16,650,460,219	3,658	305	−4.7
2001	31,183,223,177	6,893	574	−2.5
2000	18,493,632,026	4,107	342	2.5
1999	2,888,051,889	645	54	12.4
1998	4,629,688,676	1,041	87	9.3

무임승차권은 없다:
노르웨이 오일펀드에게도 예외 없는 규칙

오일펀드는 노르웨이 정부의 지침과 펀드 매니저들의 투자 방식이 만들어낸 결과물이다. 이들은 이 펀드가 일정한 독자성을 갖도록 대략적인 노선을 정하고 있는데, 주요 사항의 결정은 항상 다음 7가지 질문에 뿌리를 두고 있다.

1. 2개의 주요 자산 등급에 자산을 어떻게 분배하는 것이 기본적인 리스크 원칙에 가장 잘 부합하는가?
2. 부동산 투자는 어떻게 할 것인가?
3. 국채와 회사채의 비율을 어떻게 정할 것인가?
4. 주요 선진 시장, 특히 유럽과 북미 지역에는 자산을 어떻게 분배해야 하는가?
5. 이머징 마켓은 어떠한 중요성을 가지는가?
6. 소형주(Small Caps)는 어떤 역할을 할 것인가?
7. 윤리적인 이유에서 어떤 주식과 채권을 배제할 것인가?

개인 투자자로서 당신의 포트폴리오를 구성할 때에도 위의 질문들은 도움이 될 것이다. 이제부터는 일단 가장 중요한 지침들에 관한 개요와 그 기본 사항에 대해 알아보기로 한다. 그러고 나면 그다음 장에서는 오일펀드의 구체적인 구성을 이용해 모든 질문들에 대한 답을 찾아볼 수 있다. 여기에는 이론적인 금융 지식도 포함되어 있어, 많은 개인 투자자들이 지금까지 해왔던 것보다 오일펀드의 방식을 따르는 것이 왜 더 나은지를 알 수 있다. 또한 윤리 이슈가 투자의 주요 결정 요인으로 부상하고 있는 것도 투자의 큰 흐름이 되고 있음을 알아두기 바란다.

안전성 vs 수익률

노르웨이 오일펀드가 정치권에 의해 발의됐을 때, 안전성 문제를 두고 뜨거운 논란이 일었다. 금융 시장에서 안전성이란 결국 자본의 보존 이외에는 아무것도 아니다. 시대가 변해도 이 점은 변함이 없다. 따라서 되도록 변동을 피함으로써 펀드 자산의 수준을 언제나 적어도 과거와 같은 수준으로 유지하려는 것이다. 그렇기 때문에 1996년도에 이루어진 첫 투자금은 중앙은행의 외환보유고처럼 비교적 단기적으로 안전하게 투자됐다.

물론 펀드가 조성됐을 때부터 이미 아무도 그 돈을 2년 후에 다시 인출하려고 하는 것이 아님이 분명했다. 오히려 장기적으로 석유 수입금을 통해 혜택을 얻는 것이 더 중요했다. 이 점을 정치권은 펀드 발의 때부터 법으로 명확히 규정해놨다. 즉, 노르웨이의 후대 또한 이를 통해 뭔가를 얻을 수 있도록 하기 위해서는 석유 자산이 금융 자산으로 변화해야만 한다는 것이었다. 이러한 장기적인 시각을 갖게 되면서 단기적인 안전성은 크게 따지지 않게 되었다. 만약 당신이 장기간, 가령 10년이나 20년 정도에 걸쳐 일정 금액을 묻어둔 채 쓸 필요가 없다고 해보자. 그러면 그 중간에 발생하는 변동은 아무런 의미가 없다. 당신의 돈이 5년 후 30%나 줄어들었다고 해도, 그 후 5년 혹은 15년 후에 최종 금액만 괜찮다면, 그건 하나도 중요하지 않다. 이건 어떤 스포츠이든 게임 시즌 마지막에 우승을 거두기만 한다면 개별 경기 결과는 그다지 중요하지 않은 것과 마찬가지다.

따라서 장기적으로 운용되는 이 펀드가 일찌감치 다양한 자산등급에 투자될 수 있도록 하는 것이 지극히 합리적인 결정이었다. 좀 더 높은 평균 수익률을 달성하기 위해, 정치권은 차츰 오일펀드의 포트폴리오 구조를 변경해, 좀 더 위험하면서도 동시에 그만큼 수익 가능성도 더 큰 투자의 비중을 높였다. 1998년부터 이미 주식에 투자하기 시작함으로써 새로운 자산등급이 추가되었고, 주식 비중을 최소 40%로 늘렸다. 이 시점부터 비로소 노르웨이 오일펀드는 중요한 의미를 지닌다. 처음에는 자본을 보전하는 것만 중시되었으나 이때부터 드디어 성장의 시대가 시작됐기 때문이다. 초기에는 주로 선진국 시장으로만 제한을 두다가 점차 리스크가 있는 시장으로도 투자를 넓혀갔지만 그래도 그때까지는 리스크가 낮은 편을 선호했다. 그러다보니 서유럽의 선진국과 미국에 대한 투자가 대부분이었다. 그러다가 2년 후에는 일부 신흥공업국(이머징 마켓)의 증권으로 포트폴리오가 다양화되기 시작한다.

자산등급이란 무엇인가

돈은 어디에든 투자될 수 있다. 규칙과 질서를 좋아하는 금융시장 전문가들은 이에 대해 자산등급(asset class)이라는 것을 만들어냈다. 영어의 asset은 투자 대상이 될 수 있는 재산 가치를 의미하는 것으로, 이러한 맥락에서 흔히 '자산등급'이라고도 언급된다. 한 자산등급 내에 포함돼 있는 자산 유형은 위험 및 수익 측면에서 매우 유사하며 외부 조건의 변화에도 유사하게 반응한다. 전형적인 자산등급으로는 주식(equities), 채권(bonds), 그리고 현금성 자산(cash equivalents)이 있고, 여기에서 좀 더 넓히면 부동산(real estate), 상품(commodities), 외환(forex) 및 예술품 같은 기타 대체 투자상품들이 있다. 개별 자산등급은 계속해서 더 세분화할 수 있어, 가령 주식의 경우에는 독일 자동차 제조사, 미국 IT 기업 등으로 분류 가능하다.

채권의 경우는 국채와 회사채로 구분된다. 또한 수익률이 높지만 위험률이 높은 투자군도 있는데, 이것을 가리켜 고수익 채권, 고위험 채권 또는 정크 본드라고 한다.

쉽게 말해, 이러한 주식 비중의 증가 뒤에 숨어 있는 생각은 바로 '위험이 없으면 재미도 없다'라는 것이다. 달리 표현하자면, 장기적으로 기대되는 더 높은 수익률에는 더 높은 위험률이 수반된다는 것이다. 그러나 더 높은 리스크가 반드시 더 높은 수익률로 이어지는 것은 아니다. 현명한 분산 투자로 기대 수익을 희생하지 않고도 위험을 줄일 수 있는데 이는 현대의 포트폴리오 이론을 통해 확인할 수 있다.

금융 시장에서 가장 간단한 구분은 바로 안전한 채권과 조금 덜 안전한 채권을 구별하는 것이다. 물론 백 퍼센트 안전이라는 것은 있을 수가 없다. 기업이 발행하는 주식에는 이른바 리스크 프리미엄(risk premium)이라는 것이 지불된다. 주식과 같이 위험한 유가증권의 기대수익률이 최고 신용등급의 국채가 갖는 기대수익률보다 높을 경우에만 투자자는 주식에 투자할 것이다. 평균적으로, 그리고 장기적으로 주식의 가치가 증가할 것이라는 기대가 반드시 있어야 한다. 그렇지 않을 경우 아무도 그걸 사려 하지 않을 것이다. 물론 그 사이에 커다란 가치 변동은 불가피하다. 그렇기 때문에 자산의 주식 비중이 클수록 변동폭도 커질 수밖에 없는 것이다.

2000년 노르웨이 오일펀드의 고정금리 자산에 주목할 만한 변화가 있었다. 정부가 보증하는 국채 이외의 채권에도 펀드의 투자가 결정된 것이다. 즉, 투자 대상이 될 수 있는 증권의 종류가 확대됐다는 의미다. 또한 덜 안정적인 통화의 채권에 대한 투자도 인정됐다. 이는 더 높은 수익률을 가져다주긴 하지만 위험도 그만큼 더 높아지고, 이로써 어느 정도 주식과 비슷해진다는 뜻이다.

리밸런싱: 남들이 팔 때 사라

2007년에 다시 한 번 커다란 발전이 있었다. 오일펀드의 주식 비중을 최대 60%까지 높이기로 결정한 것이다. 물론 주식 비중이 대대적으로 높아진 것은 2008년부터였다. 이 해는 주식시장이 폭락한 해였기에 주식과 관련된 기회와 위험을 제대로 살펴보기에는 제격이라고 할 수 있다. 오일펀드는 주가가 급락하는 등 금융 위기가 최고조에 달할 때 주식 비율을 높였는데, 우연이기는 했지만 어쨌든 장점으로 작용했다. 주가가 최저로 떨어졌을 때 대량으로 사들일 수 있었기 때문이다.

노르웨이는 위기에도 불구하고 60%라는 목표 수치를 포기하지 않고, 다른 사람들이 공황 상태에 빠진 채 주식을 내다 팔고 있을 때에도 계속해서 주식을 사들였다. 가격은 엄청나게 떨어졌고 예상하지도 못했던 최저점에 이르렀다. 그리고 계속해서 그 기록을 갈아치웠다. 2009년 초까지 끝 모를 하락세가 이어졌다. 예를 들어 〈그림 1〉은 독일 주요 지수인 DAX 30과 미국의 나스닥 종합주가지수(Nasdaq Composite)의 주가 추이를 보여주고 있다.

2008년 말 49.6%였던 노르웨이 오일펀드의 주식 비중은 2009년 말에 62.4%까지 높아졌다. 결과적으로 펀드는 2008년 엄청난 손실을 보았으나 2009년에는 그 손실을 상쇄할 만한 정도의 수익률인 25.6%의 성과를 보였다.

2008년과 2009년, 어쩌면 노르웨이는 오일펀드의 주식 비중을 높이지 않고도 싼값에 주식을 매수하는 것이 가능했을 것이다. 이미 정해놓은 자산등급 비중이 자연적으로 거래를 발생시키기 때문이다. 좀 더 하락한 투자 상품의 지분은 추가로 확보하고, 반대로 좀 더 상승한 상품은 매도하는 식이다. 이를 통해 정해진 자산등급

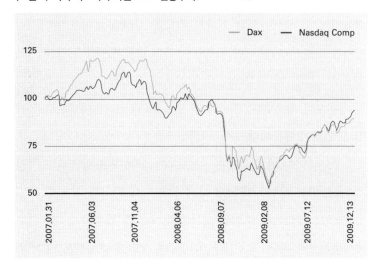

〈그림 1〉미국 나스닥과 독일 DAX 변동추이(2007~2009년)

의 비중이 장기적으로 지켜지는 것이다. 원래의 자산등급 상태로
돌아가게 만드는 이러한 과정을 금융 용어로는 재조정 혹은 리밸
런싱(rebalancing)이라고 한다. 참고로 이 효과는 상이한 자산등급이
정확하게 똑같은 양상을 보이지 않는 한 끊임없이 발생한다.

　이에 대한 예를 하나 들어보겠다. 당신의 개인 포트폴리오 전
체 규모가 100,000유로인데, 주식 비중이 40%이고 나머지는 채
권이라고 가정해보자(〈표 4〉 참조). 이에 따르면 주식에 40,000유로,
채권에 60,000유로가 투자돼 있는 것이다. 간단하게 설명하기 위
해, 주식 1,000주와 채권 1,500개당 가격이 모두 40유로씩이라고
하겠다. 이제 주식의 가치는 급격히 하락해서, 1년 만에 주당 26유

로가 돼 전체 가치가 26,000유로밖에 되지 않는 반면, 채권은 총 61,000유로로 상승했다(단가는 40.67유로로 상승). 당신의 예치금은 이제 87,000유로가 됐는데, 여기에서 주식의 비율은 30%(26,000 ÷ 87,000 × 100)에 불과하고 확정이자 상품(채권)은 70%(61,000 ÷ 87,000 × 100)이다. 수량은 동일하게 유지되고 있기 때문에, 주식 1주당 평균가는 크게 떨어졌고 반대로 채권 1개당 평균가는 살짝 인상됐다. 주식 비중을 다시 40%로 높이기 위해서는(이제 87,000유로의 40%인 34,800유로로 높이는 것이 된다), 가격이 살짝 상승한 채권은 팔아서 수익을 실현하고 반대로 주식은 이전보다 조금 더 싼 값으로 추가 매수한다. 이후 글로벌 경제에 대한 신뢰감이 되살아나면서 주식이 회복세에 접어들기 시작하면, 초기 투자금인 100,000유로가 빠른 속도로 회복되고, 주식 비중을 40%로 재조정한 결과 당초의 100,000유로보다 금액이 더 커진다. 이유는, 주가 하락 시에 주식 비중 40%를 맞추기 위해 주식을 추가로 구매했기 때문이다. 이것이 바로 리밸런싱 효과다.

노르웨이 오일펀드도 글로벌 금융위기 시에 리밸런싱 효과로 커다란 이익을 봤다. 2009년 보고서에 따르면 "NBIM은 주식 60% 확보라는 목표를 7월에 달성했다. 2년 만에, 그러니까 1조 100억 크로네를 주식에 투자한 후에 말이다. 그 기간 동안 금융 위기로 주가가 하락함으로써 우리는 오히려 혜택을 볼 수 있었다." 물론 모든 증권을 최저점에서 매수할 정도로 많은 행운이 따랐던 건 아니라는 점도 짚고 넘어가야 할 것이다. 대다수의 주식들은 오일펀

〈표 4〉 리밸런싱은 더 높은 성과로 이어질 수 있다.

	자산별 비중	금액 (유로)	단가 (유로)	수량	자산별 비중	금액 (유로)	단가 (유로)	수량
	출발 상황(1년 차 초)				1년 차 말			
주식	40%	40,000	40.00	1,000	30%	26,000	26.00	1,000
채권	60%	60,000	40.00	1,500	70%	61,000	40.67	1,500
합계	100%	100,000	40.00	2,500	100%	87,000	34.80	2,500
	2년 차 초				리밸런싱 한 후 2년 차 말			
주식	40%	34,814	26.00	1,339	49%	52,221	39.00	1,339
채권	60%	52,180	40.67	1,283	51%	53,886	42.00	1,283
합계	100%	86,994	33.18	2,622	100%	106,107	40.47	2,622
					리밸런싱 없는 2년 차 말			
					38%	39,000	39.00	1,000
					62%	63,000	42.00	1,500
					100%	102,000	40.80	2,500

표에서 보듯이 퍼센티지와 금액을 정확하게 일치시키는 것은 어렵다(예를 들어, 1년 차 말 총액 87,000유로를 리밸런싱한 후의 총액은 86,994유로). 계산법을 일목요연하게 보여주기 위해 여기에서 비용을 고려하지 않았지만, 비용은 아마도 리밸런싱으로 인해 시세 차익보다는 적게 발생할 것이다.

〈표 5〉 오일펀드의 자산등급 변화
단위: %

자산등급/단계	현재	수정	확대	구축	시작
연도	2017	2011	2007	1998	1996
주식 목표 수치	70	60	60	40	0
채권 목표 수치	30	40	40	60	100
부동산(최대 수치, 다른 수치에 따라 계상됨)	7	5	0	0	0

드가 매수한 이후에도 일단 계속해서 주가가 하락했다. 시장도 그 고통을 함께 감내해야만 했다.

〈표 5〉는 노르웨이 오일펀드의 자산등급 믹스가 몇 년에 걸쳐 어떻게 변화했는지를 보여준다. 처음에는 주식 없이 시작됐다가 점차 그 비율이 높아졌다. 2011년부터는 부동산이 제3의 자산등급이 됐다. 현재 이 펀드는 미래로 나아가고 있다. 즉, 최신 정책 지침들을 이행하면서 주식 비율을 70%까지 높이는 방향으로 펀드가 관리되고 있다.

부동산 투자

금융 위기가 한창이던 무렵 노르웨이 재무부는 펀드 자산의 최대 5%까지 부동산에 직접 투자하는 것을 허용했다. 부동산을 대규모로 구입하기 위해서는 일단 적절한 전문가 그룹부터 구성해야 한다. 노르웨이 사람들은 뭘 하든 제대로 한다. 오일펀드가 최초의 부동산을 취득한 것은 2011년이 되어서였다. 이들은 영국 왕립토지위원회(Crown Estate) 리젠트 가(Quadrant 3 Regent Street) 포트폴리오의 지분 25%(2017년 가을 50%로 증가) 및 파리의 사무실과 상점 건물들을 매입했다. 비록 그 금액은 어마어마하지만 2011년 말까지 전체 펀드에서 차지하는 비중은 고작 0.3%밖에 되지 않았다.

부동산 사업 진출은 노르웨이 오일펀드 입장에서 굉장한 시도였다. 완전히 새로운 전문지식이 필요했고 그에 따라 이전 펀드 매니저들과는 다른 자격을 갖춘 사람들이 요구됐다. 그것만이 아니었다. 부동산은 주식시장에서 매일 거래되는 것이 아니기 때문에, 오일펀드에 대한 투명성 원칙도 필요해졌다. 왜냐하면 거래가 없는 곳에서는 입증 가능한 시장가라는 것도 없기 때문이다. 따라서 적어도 1년에 한 번 외부 감정인들이 부동산의 최신 시장가를 평가하고 있다.

주식 비중에 대한 논란

2017년 여름, 오일펀드의 주식 비중을 70%로 올리기로 한 결정이 내려졌다. 저금리 환경에서 기대수익률이 높아질 수 있다는 것이 결정 배경이었다. 노르웨이 중앙은행은 고정금리 채권의 약세가 예상된다며 이를 상쇄하기 위해 주식 비중을 심지어 75%까지 높이자고 제안했다. 관계자들 간의 치열한 논의가 거듭 벌어졌고, 자체적으로 구성된 위원회가 최종적으로 70%가 적절하다는 결론을 내렸다.

주식 비중을 늘리는 데 대해서는 논란이 많았다. 왜냐하면 당연히 일시적으로 급격한 손실을 입을 게 뻔했기 때문이다. 그러나 이러한 단계가 지나가고 난 후에 오일펀드의 자금은 보다 리스크가 낮은 전략에 따랐을 때보다 늘었으면 늘었지 줄어들지 않았다. 이는 개인의 포트폴리오에도 당연히 적용되는 투자 방식이다. 오일펀드의 평균 수익률은 수년간의 손실까지 포함한 것이다.

이제부터 안전한 투자와 조금 위험한 투자를 적용한 계산 사례를 예로 들어, 왜 더 많은 위험을 감수하는 것이 결국에는 대부분 그만한 가치가 있는지를 명확하게 밝혀보기로 하겠다. 당신이 이제 15년의 기간을 잡고, 최초 1회의 투자금을 10,000유로로 시작한다고 가정해보자.

- **안전한 투자:** 자금을 절대 손해 볼 일이 없는 연리 1%의 안전한 상품에 투자하고, 당신은 앞의 사례들처럼 매월 300유로씩 납입한다. 이 금액은 연 2%의 인플레이션에 맞춰 조정된다. 10년 후 당신의 계좌엔 52,400유로가 쌓이고, 15년이 만료된 후에는 총 금액이 78,500유로가 된다.

- **조금 위험한 투자:** 이제 당신은 조금 더 위험한 포트폴리오 구조를 선택한다. 단기적으로는 커다란 주가 급락이 있긴 해도 연평균 수익률은 5%에 이른다. 이 경우, 10년 후 당신의 돈은 66,800유로가 된다. 그런 후 다시 단기적으로 25%가 폭락한다(간단하게 생각하기 위해, 그냥 투자 11년 차에 이런 일이 일어났다고 해보자). 이제 당신에게 남은 돈은 50,100유로다. 이 돈으로 남은 5년간 계속 투자를 해 다시 연평균 5%의 수익률을 거둔다. 15년이 흐른 후 당신의 자산은 약 85,200유로로 증가해 있다.

중간에 하락세가 있었음에도 불구하고 위험한 투자 방식을 선택했을 때 안전한 투자 방식보다 여전히 6,700유로 혹은 8.5% 더 많은 수익을 냈다. 만약 주식 폭락이 없었더라면 위험한 투자 방식으로 111,000유로라는 자산을 확보할 수 있었을 것이다. 일반적으로 말해, 불입액 대비 초기 자본금이 더 많을수록, 폭락 이후 투자기간 만료까지 남은 시간이 더 길수록, 위험한 전략으로 더 좋은 결과를 낼 수 있다. 단기 폭락이 마지막 단계에서 발생했다 하더라도, 안전한 투자 방식에 비해 여전히 6% 더 나은 결과를 냈을 것이다.

한 가지 덧붙일 말이 있다. 이러한 급격한 손실은 연 5%라는 평균적인 성과에서 극히 드물게 발생한다는 것이다. 노르웨이 오일펀드는 오랜 기간을 거치면서 수차례 손실을 냈음에도 불구하고 더 높은 수익률을 달성했다. 이 펀드의 평균 수익률은 연간 수익률 −23%에서 +26%의 등락을 반복하면서 낸 결과다. 다른 한편으로, 25%의 가치 하락은 오일펀드의 과거 투자 전략을 보면 지극히 비현실적인 수치임을 알 수 있다. 지금까지 단 한 번도 23% 이상 손실을 낸 적이 없었고 그나마도 주식 비율이 지금보다도 더 낮았을 때였다.

자산등급 내에서는 무엇이 허용되는가

포트폴리오의 주식과 채권, 부동산 비중의 단계적인 변화가 정치권이 펀드 관리자들에게 제시한 유일한 지침은 아니다. 3개의 자산등급 모두에서 오일펀드는 자기가 원하는 대로 그냥 임의로 매수할 수 없다. 이에 대한 세부사항은 2010년에 처음 마련된 '관리 위임'에 규정돼 있다. 이 규정은 이후 수차례 개정돼, 2017년 6월에 가장 마지막으로 개정된 상태다. 이 위임 사항과 NBIM 매니저들의 투자 결정은 이 오일펀드를 어떻게 구성해야 하는지에 대한 기준을 제시하고 있다. 개인 투자자로서 당신은 바로 이러한 기준과 그 뒤에 숨어 있는 전략을 중요하게 생각해야지, 노르웨이 정부나 투자 매니저들이 내린 개별 결정사항을 그대로 받아들일 필요는 없다. 따라서 이 책에서는 이러한 개별적인 결정사항을 다루는 대신, 결과와 전략에 주목한다.

가장 간단한 건 부동산에 대한 규정이다. 여기에선 포트폴리오를 '지리적으로, 부문과 대상에 대해 다양하게 잘 구성할 것'이라고 돼 있다. 즉, 부동산 자산의 비율을 얼마로 해서 어떤 통화로 어느 지역에 투자해야 하는지, 혹은 쇼핑센터나 사무실, 공원 또는 주거 빌딩을 선호해야 하는지 등에 관한 구체적인 지시사항은 없다. 솔직히 '다양하게 잘 구성한다'는 건 굉장히 포괄적인 의미로 해석될 수 있다. 그럼에도 불구하고 개략적인 지침 역할을 하기에 충분하다. 예를 들어 미국에만, 혹은 유럽에만 투자됐다면, 이 기준은 거의 충족되지 않은 것이라 하겠다. 호화 요트 항만에만 투자하는 것도 마찬가지다.

주식과 채권에 대한 포트폴리오의 분산투자 비율 규정은 간단하지만(목표 수치 70%: 30% - 부동산 포함), 각 부문의 구성에 있어서는 기준이 이보다 훨씬 복잡하다. 주식과 마찬가지로 채권도 투자 방향을 설정하기 위한 벤치마크 지수가 선정된다. 포트폴리오의 각 부문은 이렇게 선정된 지수에 의지하거나, 아니면 이 지수가 투자 성과의 비교 척도로서 역할을 할 수 있다. NBIM의 자금 관리는 지수들의 구성에 기반한다. 그러나 앞서 언급했듯이, 이것들을 단순히 그대로 모방하지는 않는다. 부분적으로는 여기에서 벗어날 수도 있고, 경우에 따라서는 그대로 모방해야 할 수도 있다.

개인 투자자로서 당신도 이 원칙을 따르는 것이 좋다. 하나 이상의 지수를 적용하되, 의무적으로 거기에 매달릴 필요는 없다. 특정 지역이나 세그먼트의 가중치를 어떻게 줄 것인지 미리 정한 다음, 이러한 조정을 기반으로 한 포트폴리오 구조를 따르도록 하라.

주식에 대한 지침

주식 투자에 대한 노르웨이 오일펀드의 벤치마크 지수는 현재 FTSE 글로벌올캡(Global All Cap)이다. 이 지수에선 2017년 12월 말 기준으로 선진국과 신흥공업국(주로 이머징 마켓 또는 약칭 EM이라고 불린다)의 약 7,400개 기업이 대형주, 중형주, 그리고 소형주라는 3개의 표준 세그먼트로 분류되어 있다.

지수란 무엇인가

지수는 늘 뭔가를 요약하는 역할을 한다. 전 세계의 모든 거래소는 상이한 지수를 갖고 있다. 독일에서 가장 유명한 지수는 DAX(Deutscher Aktienindex의 약자)로서, 독일의 30대 기업들이 포함돼 있어 DAX30이라고도 불린다. 미국의 대표 지수는 S&P500, Nasdaq Comp 등이 있다. 국제적으로 많은 거래가 MSCI(Morgan Stanley Capital Investment) 또는 FTSE(Financial Times Stock Exchange) 와 같은 글로벌 지수 사업자의 지수를 토대로 이뤄지고 있다. 지수는 특정 지역, 세계 전체 또는 특정 부문의 가치 변동 추이를 요약해서 보여준다. 투자자들은 보통 선별된 지수를 이른바 벤치마크 삼아 각자의 성공을 측정한다.

노르웨이 오일펀드는 벤치마크 지수와는 여러모로 차이가 있다. 먼저, 지리학적인 무게중심이 다르다. 그리고 모든 주식에 투자할 수 있는 것도 아니다. 윤리적인 이유로 일부 기업들은 아예 투자 대상에서 배제돼 있기 때문이다. 위의 두 가지 사항은 위임 사항에 분명하게 명시돼 있다. 윤리적인 이유로 투자가 금지된 기업들의 블랙리스트는 노르웨이 정치권이 아니라 오일펀드의 자체 윤리위원회가 작성한다.

지리학적인 비중이 다르다는 것은, FTSE 글로벌올캡과 비교해 미국과 캐나다를 제외한 다른 선진국 시장과 이머징 마켓, 그리고 유럽에 살짝 더 비중을 뒀다는 의미다. 달리 말하면, 오일펀드에서 미국과 캐나다가 차지하는 비중이 FTSE 글로벌올캡 지수와 비교해 더 적다는 뜻이다. 글로벌 주식 지수들의 시가총액에서 미국이 차지하는 비중이 절반 이상임을 감안했을 때, 노르웨이 오일펀드의 차별적인 가중치를 가늠해볼 수 있는 대목이다.

채권에 대한 지침

노르웨이 오일펀드에서 주식과 채권의 비율이 정해져 있는 것과 마찬가지로, 채권 내에서도 국채와 회사채에 대한 비율이 정해져 있다. 이것도 마찬가지로 70 대 30이다. 또한 아래의 세 가지 지수에 포함돼 있는 국채만을 벤치마크로 인정하도록 되어 있다.

- 블룸버그 바클레이즈 글로벌 인플레이션 연동 (시리즈-L) 채권 지수(Bloomberg Barclays Global Inflation-Linked (Series-L) Bond Index)
- 바클레이즈 글로벌 트레저리 국가별 GDP 연동 채권지수(Barclays Global Treasury GDP Weighted by Country Bond Index)
- 블룸버그 바클레이즈 글로벌 총 채권지수(Bloomberg Barclays Global Aggregate Bond Index)

노르웨이 오일펀드는 이 세 지수 모두에 대해서 바클레이즈 글로벌 트레저리 국가별 GDP 연동 채권지수의 지리적 가중치를 적용한다. 이때, 국민경제의 규모가 매우 중요하다. 이에 따르면 GDP가 3조 5,000억 유로인 독일은 브라질이나 이탈리아 또는 캐나다보다 가중치가 2배 높고, 터키보다는 4배 높다. 중국과 홍콩, 러시아의 가중치는 아주 낮으며 터키의 비중도 상당히 낮은 편이다. 그러나 나머지 다른 국가들은 지수를 그대로 따른다.(사실은 조금씩 상향하는데 그래야 위 4개 국가에 대한 가중치를 낮출 수 있기 때문이다.)

회사채에 대해선 블룸버그 바클레이즈 글로벌 총 채권지수가 수정, 적용되고 있다. 즉, 미국 달러, 캐나다 달러, 유로, 영국 파운드, 스웨덴 크로나, 덴마크 크로네 또는 스위스 프랑으로 발행된 회사채에만 투자가 허용된다. 일본 엔화도 여기에서 배제돼 있다. 그렇다고 해서, 일본이나 다른 아시아 국가 또는 남미 기업의 채권을 구입하지 않는다는 뜻은 아니다. 이들 국가의, 적어도 대기업이라면 채권을 주요 외국 통화로 발행하는 것이 일반적이기 때문이다. 이로써 특별히 변동폭이 심한 통화 및 소규모 기업들의 채권은 처음부터 아예 투자 대상에서 배제된다.

노르웨이 오일펀드의 채권 비중은 수많은 벤치마크 지표 및 제한사항과 복잡하게 얽혀 있다. 이에 따라 2017년 가을, NBIM은 전체 투자 상황을 보다 더 명확하게 살펴볼 수 있도록 하는 동시에 거래량을 줄이기 위한 목적으로 근본적인 변화를 제안했다. 더 이상 회사채에 투자하지 않고, 국채의 경우엔 투자 가능한 외국 통화의 종류를 줄이겠다는 것이다. 이 같은 오일펀드의 단순한 채권 구조는 개인 투자자들도 따라 하기 쉬운 모델이라고 할 수 있다.

자산등급 구분에 관한 모든 세부 사항을 기억할 필요는 없다. 개인 투자자로서 당신은 일단 개인적인 포트폴리오 구성을 위해 다음과 같은 핵심 지침들만 알아두면 된다.

1. 채권과 주식 비중은 리스크 결정과 크게 연관되어 있다.
2. 벤치마크 지수는 자산등급 내에서 방향을 제시해주고 또 성과를 측정

하는 데 도움을 준다.

3. 그 가중치는 조정하는 것이 좋다.

정보 공개와 투명성

북유럽에서 투명성은 특히 중요하다. 시민들은 항상 정부가 하는 일을 알고 있어야 한다. 정부가 정보를 비밀로 유지해야 한다면, 그에 대한 합당한 이유가 있어야 한다. 노르웨이에서는 모든 사람들이 이웃의 세금 납부 현황까지도 열람할 수 있다. 결국 세금 제도라는 것은 정부의 소관이고, 따라서 비록 많은 사람들이 좋아하지 않더라도 이른바 공개 대상에 포함되는 것이다.

이렇게 높은 수준의 투명성은 당연히 오일펀드에도 적용된다. 상장 기업과 마찬가지로 이 펀드도 상세한 분기별 보고서를 제출한다. 이렇게 해서 노르웨이인들은 궁극적으로는 자신들을 위해 해외에 투자된 돈이 지난 3개월 동안 어떻게 발전했는지 알 수 있다. 정치권이나 금융권의 진술에 의존할 필요도 없다. 그저 www.nbim.no에 날마다 뜨는 실시간 단발성 뉴스에서 크로네로 투자된 자산의 현재 가치가 얼마나 되는지를 조회해보기만 하면 된다. 물론 주식과 채권, 부동산이라는 3개의 자산등급 또는 개별 투자상품들이 어떻게 변하고 있는지까지는 아니고 총액만 표시될 뿐이다.

가장 중요한 과거 데이터도 마찬가지로 인터넷에서 볼 수 있다. 가장 자세한 정보는 물론 연차보고서에 나온다. 여기에는 매우 광범위한 표도 들어가 있다. 여기에서 제일 중요한 정보는 오일펀드가 투자한 대상 기업과 각 자산의 가치, 그리고 그 기업이 갖고 있는 지분이다. 또한 투자 대상인 국가와 지역, 그리고 산업 부문도 열거돼 있다. 이 데이터를 이용하면 오일펀드가 연차보고서에서 발표하지 않은 여러 가지 흥미로운 계산도 할 수 있다. 이를테면, 오일펀드의 전략을 살펴볼 수 있고, 이로써 개인 투자자들이 어디에서 영감을 받을 수 있을지도 알게 된다. 예를 들어, 오일펀드가 DAX30에 얼마나 투자했는지 또는 중국에서 소액 주식을 얼마나 확보하고 있는지도 살펴볼 수 있다. 오일펀드는 유가증권을 끊임없이 매매하지만, 모든 자산 보유 현황에 대한 개요는 12월 31일에만 제공된다. 따라서 오일펀드의 포트폴리오 분석은 바로 이 날짜를 토대로 이루어진다. 이제까지 오일펀드의 전략대로라면, 이 펀드는 앞으로도 비슷한 투자 행태를 보일 것이다.

시장을 이기려고 애쓰지 말라

경제학자와 금융 전문가들 사이엔 종종 의견 차이가 있다. 근본적인 논쟁 포인트는 바로 장기적으로 시장보다 더 우위를 점할 수 있는지, 즉 평균보다 장기적으로 더 높은 수익을 달성할 수 있는지 여부다. 이러한 논쟁은 이미 수년째 이어지고 있다.

- 지지자들은 특정 기준에 따라 적극적으로 유가 증권을 선택해서 시장을 반영하지 않고 지속적으로 리밸런싱해야 한다고 주

장하고 있다. 이는 많은 시간과 노력이 요구되는 일이다.

- 반대론자들은 이와 달리 아주 느긋하게 행동할 수 있다. 이들은 그저 자신의 포트폴리오를 시장에 맞춰, 가령 특정 지수대로 모방해서 수동적으로 투자하기만 하면 된다.

대다수 투자자들은 관련 시장의 평균도 달성하지 못한다. 이는 지난 10년간 독일의 약 40,000개 예치계좌 상황을 분석한 결과다. 조사에 따르면 종목을 골라 투자한 투자자들의 연평균 수익률은 3.1%였다. 이와 대조적으로, 지수 혼합 구성에 따른 투자는 연 8.7%의 수익을 달성한 것으로 나왔다. 이는 오일펀드의 결과보다도 높은 것이다. 물론, 기간도 다르고 리스크 정도도 다르기 때문에 이것이 꼭 맞는다고 말하기는 어렵다. 다만 여기서 중요한 교훈은 거래 빈도가 높을수록 평균 수익률은 크게 낮아진다는 사실이다.

그렇다. 오일펀드도 어느 정도는 '종목 선정(stock picking)'을 한다. 즉, 특정 증권을 매수해, 여기에 자신의 포트폴리오 벤치마크 지수와 다르게 가중치를 부여하는 것이다. 매수 여부를 결정하기 위해 주식과 채권을 분석한 후 특정 기준에 따라 분류하는 일은 확실히 매력적이다. 그러나 민간 투자자에게는 그다지 권유하고 싶지 않다. 거기엔 너무 많은 시간과 비용이 소요되기 때문이다. 개인 투자자들은 가능한 한 시장의 평균값을 얻는 것으로 만족하는 것이 좋다. 이를 위해서는 ETF에 투자하는 것만으로도 충분하다. 그렇다고 해서 깊이 생각하지도 않고 임의의 유가증권을 마음대

로 매수하라는 이야기는 아니다. 그보다는 기본적인 결정을 내릴 때에는

되도록 간단한 전략을 적용하라는 의미다.

노르웨이 오일펀드가 반드시 준수해야 하는 주요 정책 지침은
다음과 같은 5가지 규칙으로 요약되는데, 이는 개인 투자자들에
게도 유효하다.

1. **투자는 각 시장 상황에 따라 꾸준하면서도 장기적으로 이루
   어진다. 이때 시장의 현 상황은 문제가 되지 않는다:** 노르웨
   이 정부는 금융 시장이 안정적인지 또는 심하게 동요하고 있
   는지에 상관없이 국가의 석유 사업에서 나오는 모든 수익을
   이 오일펀드에 정기적으로 넣는다.

2. **돈은 주어진 지침에 따라 채권과 주식이라는 두 자산등급
   으로 분산 투자돼야 한다:** 얼마만큼을 (위험한) 주식에 투자하
   고 얼마만큼을 (안전한) 채권에 투자할지는 위험 선호도가 결정
   한다.

3. **리밸런싱은 변동폭 내에서 분산 투자 비율이 장기적으로 일
   정하게 유지되도록 보장한다:** 위험 및 그에 따른 기회는 대체

로 안정성을 유지해야 하며, 이는 자산등급 믹스를 통해 달성된다. 하나의 자산등급이 다른 자산등급보다 오랜 기간 현저히 다른 발전 양상을 보이면, 리밸런싱을 통해 원래의 비율로 복원된다.

4. **자산등급 내에서 지수는 벤치마크 역할을 한다:** 투자 성과는 지수로 측정되며, 지수는 투자 대상을 지정한다.

5. **어떤 유가증권에 돈이 투자되고 또 그 자산이 어떻게 변화하는지에 관한 정보를 정기적으로 제공해야 한다:** 포트폴리오 내에 어떠한 유가증권이 있는지를 늘 주지하고 있는 것은 자신의 전략이 아직 수행되고 있는지 그리고 실제 수익률이 기대수익률과 다른지 여부를 확인하는 데 꼭 필요한 일이다.

오일펀드의 자산등급 뒤에 숨어 있는 노벨상 이론

오일펀드는 "위험과 수익 측면에서 가장 중요한 전략적 결정은 펀드를 어떠한 형태로 투자할 수 있는지, 그리고 각각 얼마만큼 투자할 수 있는지에 대한 것이다"라고 규정해놓고 있다. 여기에서 중요한 단어는 '어떠한'과 '얼마만큼'이다. 이것은 결국 '어느 자산등급에 자금을 얼마나 투자할 것인가'의 문제다. 2017년 9월 말, 노르웨이 오일펀드 포트폴리오의 66%는 주식에, 32%는 채권에, 나머지는 부동산에 투자돼 있었다. 그리고 이 해의 3분기 동안 이 세 가지 자산등급 모두 수익을 냈다.

주식과 채권이라는 두 가지 주요 자산등급에 자산을 어떻게 분산 투자할 것인지는 위험도 선정과 결부된 매우 중요하고도 근본적인 결정 사항이다. 앞 장에서 우리는 단기 투자보다 장기 투자를 할 경우, 만약 손실이 발생하더라도 이를 회복할 수 있는 기회가 더 많기 때문에 그만큼 더 많은 위험을 감수해도 좋다고 배웠다. 또한 오일펀드가 자산등급 믹스를 어떻게 바꿨는지, 또 이로써 시간이 지나면서 위험과 수익 모두 어떻게 증가했는지도 살펴봤다. 이 모든 것이 상위 전략의 일부다.

반대로 어떠한 개별 증권, 국가, 지역에 투자할 것인지, 그리고 어떠한 유가증권을 언제 매수 또는 매도할 것인지는 전략의 세부 사항에 달려 있다. 자산등급과, 자신의 위험 선호도에 따른 이 자산등급 내의 모든 배분은 위험과 보상을 최적으로 배합하기 위한 것이다. '높은 채권 비율과 낮은 위험' 또는 '특정 주식의 비중 인상과 적은 위험'과 같은 상관관계는 뜬금없이 생겨난 것이 아니라, 노벨상을 수상한 현대 포트폴리오 이론(MPT: Modern Portfolio Theory)에 의해 과학적으로 뒷받침된 것이다. 이 이론의 기초는 노르웨이 오일펀드의 투자에서 분명히 볼 수 있으며, 또한 당신의 투자에도 광범위하게 적용돼야 할 것이다. 당신이 확신을 가지고 MPT에 따라 투자할 수 있도록 하기 위해, 일단 이 이론에 대해 간단하게나마 설명하고자 한다. 지난 몇 년간의 오일펀드 구성을 비교함으로써, 이 이론의 배경과 가정들에 대한 이해를 도울 수 있을 것이다.

이 이론에 따르면, 최고의 투자는 위험과 기회가 완벽하게 섞여 있는 투자다. 그런데 투자자들은 저마다 다르다. 일단 연간 인플레이션율이 2%라고 가정해보자. 당신이 10,000유로로 1년짜리 투자를 시작할 때 다음과 같은 두 가지 포트폴리오 중 하나를 선택할 수 있다.

- 포트폴리오 A는 최종 잔고가 12,000유로에 이를 확률이 90% 다. 하지만 1년 후 잔고가 9,000유로밖에 되지 않을 확률도 10%다.
- 포트폴리오 B는 연말에 10,200유로, 즉 연초보다 2% 증가한 금액이 될 가능성이 100%인 안정적인 상품이다.

A의 경우, 기대수익률은 17%, 달리 말해 1,700유로다(2,000유로의 90% 수익에서 1,000유로의 10% 손실을 뺀 값). B의 경우에는 기대수익률이 2% 또는 200유로로서, 구매력의 감소를 정확하게 상쇄한다. 자본의 보전을 가장 중요하게 생각하는 사람이라면, 10%의 손실 가능성 때문에 20%라는 수익률을 달성할 90%의 가능성을 두려워할 것이다. 하지만 이는 다른 사람들에게는 매우 환상적인 전망으

로서, 아주 높은 기대수익률이다. 미국의 경제학자 해리 마코위츠(Harry Markowitz)는 모든 사람에게 최적의 포트폴리오를 만들어줄 수 있는 이론을 개발했는데 이 이론에서 중요한 건 수익률과 위험률, 그리고 유동성의 비율을 최적화하는 것이다. 이 세 가지가 합쳐져 이른바 마술의 삼각형이 만들어진다. 보통은 늘 이 목표들 가운데 두 가지만 동시에 달성할 수 있기 때문이다. 유동성은 일반적으로 가용성, 즉 얼마나 빨리 당신의 돈을 현금화할 수 있느냐를 뜻한다. 일부 투자 유형의 경우 1년 혹은 그 이상 묶여 있어야 하는 경우가 많다. 채권과 같이 증권거래소에서 거래 가능한 유가 증권은 유동적이기 때문에, 유동성은 여기에서 크게 고려되지 않는다. 결국 포트폴리오에 포함돼 있는 증권들의 선택을 통해 위험률과 수익률의 관계가 최적화되는데, 그 주요 내용은 다음과 같다.

- **위험과 수익은 서로 상관성이 있다.** 투자자는 기대 수익도 증가할 경우에만 보다 큰 리스크를 감수할 준비가 된다. 투자를 할 때 좀 더 큰 리스크를 감수할 준비가 된 사람들에게 장기적으로 돌아가는 보상을 가리켜 '리스크 프리미엄'이라고 한다.
- **과거의 수익률은 적어도 단기 투자에서는 아무런 의미가 없다.** 달리 말해, 미래의 가격 변동은 예측할 수가 없다는 뜻이다. 이는 오히려 우연에 가까우며, 평균값을 중심으로 등락한다. 장기적으로 시장보다 더 큰 성과를 내는 투자자들은 그러한 수익률이 스스로의 지략 덕분이라고 생각하기보다는 운이 좋았다고 여

겨야 할 것이다. 이는 궁극적으로 모든 시장 참여자들이 동일한 정보를 가지고 있고 그렇기 때문에 주식은 모든 시점에서 항상 공정하게 평가되기 때문이다. 이것이 바로 효율적인 시장 가설(EMH: Efficient Market Hypothesis)이다.

그저 시장과 똑같이 수익을 내도록 투자하는 사람이 가장 전망이 좋다. 이는 수동적으로 투자를 하면서도 가장 좋은 결과를 내는 방법이라고 하겠다. 한편으로는 언뜻 이해가 되지 않을 수도 있고, 또 다른 한편으로는 너무 쉬운 것처럼 들릴 수도 있다. 그러나 실제로 큰 비용을 투자하고도 시장 정도의 수익조차 내지 못하는 투자자들이 많다는 연구 결과들이 허다하다. 그러니까 시장 정도의 수익만 내도 그것으로 이미 성공한 것이나 다름없다. 노르웨이 오일펀드 역시 지수를 약간만 수정 적용하고 있어, 사실상 수동적인 투자자라 하겠다.

주가 변동 및 상관관계

과거의 데이터에 기초해 마코위츠와 그의 추종자들은 주가 변동이 매우 유사하게 진행되는, 전문용어로는 상관성을 보이는 유가증권 집단이 있음을 보여주고 있다. 즉, 이들 유가증권들의 주가는 매우 비슷하게 상승하고 하락한다. 예를 들어, 모든 DAX 값의 연간 차트를 투명 슬라이드에 인쇄해 이것들을 서로 겹쳐보면, 유사한 흐름을 보이는 집단이 있다는 걸 알 수 있을 것이다. 그리고 이러한 상관관계를 거의 보이지 않거나 이와 반대의 방향을 보이는 집단도 있을 것이다. 후자의 경우, 대개 완전 상반되는 방향으로 움직인다. 예를 들어, 동일한 부문의 주식은 주가에 있어서 흔히 비슷한 흐름을 보이는 반면, 국채와 주식 지수는 보다 다양하게 움직인다. 상당히 상이한 다섯 국가들(예를 들어 독일, 터키, 브라질, 러시아, 남아프리카공화국)의 국채 차트를 비교해보면, 이들끼리는 물론이고 DAX와 비교해도 상관관계가 크게 떨어지는 걸 확인할 수가 있다. 이것은 이들 국채가 완전히 상이한 자산등급으로 포트폴리오를 분산하고 있어, 이들의 상관관계가 매우 적기 때문이다.

> 오일펀드를 주식과 채권으로(그리고 이후에는 부동산까지 포함) 분산 투자해야 한다는 지침은 상관관계가 적은 자산등급을 조합함으로써 위험률과 수익률을 조정한다는 포트폴리오 이론의 기본 개념을 실천하는 것이다. 채권 가격, 특히 경제 강국으로 통하는 국가들의 채권 가격은 변동이 심하지 않다. 즉, 주식보다 더 안전하다. 포트폴리오의 가치는 보유하고 있는 유가증권들의 상관관계가 클수록 더 크게 변동한다. 이와 반대로, 투자가 더 다양하게 이뤄질수록 가격 변동은 더 안정적이다.

여기에서 중요한 것은 자산등급만이 아니다. 포트폴리오에서 이 부분이 세부적으로 어떻게 구성돼 있는지도 중요하다. 물론 당신이 여기에서 상세한 결론을 도출할 필요는 없다. 일단은 상관관계의 기본 원리를 이해하고, 변동을 줄이기 위해서 이 원리를 이용할 수 있는 것으로도 충분하다. 예를 들어, 같은 기업의 주식과 채권은 서로 다른 두 나라의 국채가 보이는 가격 변동보다 훨씬 더 유사한 변동 추이를 보인다. 그 이유는 아주 간단하다. 어떤 기업이 파산 직전에 있다고 상상해보라. 그러면 이익 기대치가 떨어지기 때문에 주가가 하락할 뿐만 아니라 신용하락 위험(채무불이행 위험)도 높아지고 이로써 회사채의 가격 또한 하락한다. 즉, 동일한 기업의 주식과 채권은 상관관계가 매우 높다. 따라서 어떤 회사의 주식을 샀는데 그 회사의 채권까지 사는 것은 별로 권장하고 싶지 않다. 포트폴리오에 들어 있는 모든 주식과 채권은 상호 리스크 보완 관계에 있어야 한다. 추가되는 증권이 기존 것들과 상관관계가 적을수록 그 효과는 커진다. 따라서 위험을 낮추기 위해서는 어떻게 조합할 것인가가 중요하다.

> 가치가 보통 상이하게 등락하는(즉, 상관관계가 거의 없는) 유가증권에 투자하는 사람은 변동을 줄일 수 있다. 유가증권에 보통 20~30개의 상이한 개별 종목이 있으면 충분히 다양하게 분산 투자한 것이라고 종종 말한다. 그러나 이것은 엄밀히 말해 그 유가증권이 변동 과정에서 얼마나 강한 상관관계를 보이는지에 달려 있으며, '충분하다'는 것은 상대적인 개념일 뿐이다.

수학 공식으로 가득 차 있는 마코위츠의 이론에 대해 논란이 없는 것은 아니다. 무엇보다 안전할 것으로 예상됐던 국채가 특히 위기 시에 주식과의 상관관계가 증가하는 것으로 나타나, 예상보다 가격 하락폭이 적지 않았다. 그럼에도 불구하고 노르웨이 오일펀드의 채권 투자는 금융 위기 동안 손실을 줄이는 데 도움이 됐다. 그러나 주식이 붐을 일으키는 시기에 채권은 전체 수익률을 끌어내리는 요인이기도 하다.

장기적인 성공에 각별히 중요한 의미가 있는 데에도 불구하고, 많은 개인 투자자들은 포트폴리오 이론의 다음 두 가지 핵심 사항에 여전히 주의를 기울이지 않고 있다.

1. 분산 투자는 손실 위험을 줄이고 포트폴리오 최적화를 가능하게 한다.
2. 장기적으로 시장의 성과를 앞지른다는 건 개인 투자자에게는 기적이나 마찬가지다. 그래서 수동적 투자, 즉 하나 또는 그 이상의 지수를 모방하는 것이 선호된다.

결과적으로 노르웨이 금융 공식의 다른 두 가지 중요한 구성 요소는 '분산 투자'와 '수동성'임을 알 수 있다.

이 모든 것이 우연일까?
주식 등락 및 수익 예상의 이론과 경험

주가는 끊임없이 움직인다. 하루에 빈번하게 거래되는 주식의 종가가 전날의 종가와 정확히 일치하는 것은 매우 이례적인 경우다. 따라서 전체적인 그래프는 상승하거나 하락하는 모양을 취하더라도 주식 가격은 늘 지그재그 형태로 움직인다.

'종가(終價)'의 '종(終)'에서도 알 수 있듯이, 가격은 마지막까지 종일 변동한다. 그날의 '종가'는 최종 상태를, '시가(始價)'는 개시 가격을 뜻한다. 기업이 클수록 해당 주식은 보통 더 자주 거래된다. 그리고 이에 상응해 늘 새로운 가격이 형성된다. 전문 용어로 주식이 많이 거래되는 것을 가리켜 매우 '유동적'이라고 말한다.

> 노르웨이 오일펀드의 연차보고서 및 분기보고서에 나오는 주식 포트폴리오의 구성 데이터는 각 보고 기간의 종가를 토대로 하고 있다. 그러니까 이 책에서 인용하고 있는 연차보고서들은 각 연도의 12월 31일을 기준으로 하고 있다. 책 편집 마감 전의 가장 최근 연차보고서는 2016년도의 것이다. 따라서 2016년 12월 31일 기준 데이터를 포함하고 있다. 최신 자료는 www.nbim.no에서 언제든지 다운로드할 수 있다.

일반적으로 자유시장 경제에 적용되는 원칙이 주식 시장에도 적용된다. 즉, 수요와 공급이 가격을 결정한다는 것이다. 재화와 서비스는 장비, 가격 또는 품질 측면에서 공급업체마다 다를 수 있지만, 한 기업의 주식은 당신이 누구로부터 매수하든 가격의 차이가 없다. 또한 매수인은 공급업체를 변경할 때에도 그다지 시간을 허비하지 않아도 된다. 그러니까 주식의 가격은 예를 들어 미용이나 사과의 가격보다 비교하기가 훨씬 쉽다고 하겠다. 이로써 완벽한 시장과 가격이라는 전제조건은 꽤 좋은 편이다.

효율적인 시장 가설(EMH: Efficient Market Hypothesis)에 따르면 주식 시장에 참여하는 모든 사람들은 투자 상품에 대해 공개적으로 접근 가능한 모든 정보를 늘 갖고 있다. 중고차 거래 때와 달리 남들보다 더 잘 알거나 모르거나 하는 경우는 없다. 어떤 새로운 일이 발생하면 즉각 시세에 반영된다. 따라서, 원칙적으로 보자면, 불법 내부자 거래를 제외하고는 초과 수익을 달성할 가능성이 없다는 얘기가 된다. 거래량이 적은 소규모 주식의 경우 어쩌면 이 가설이 적용되지 않을 수 있으며, 이 때문에 초과 수익을 올릴 가능성이 있다는 주장도 있다. 다만 이는 일부 시장 참여자가 남들보다 주요 정보를 더 빨리 얻을 수 있을 경우에만 가능하다. 왜냐하면 많은 매수인이 어떤 주식의 과소 또는 과대 평가 사실을 발견해 내지 못한다면 다른 사람들이 이미 알고 있는 이른바 공정한 가격에 접근하지 못할 것이기 때문이다.

이 이론에 따르면, 주식의 가치 및 그 주식의 공정한 매수가는 이 주식에 대한 배당금 형태로 지급되는 미래의 모든 수익을 더한 합계다. 이 배당금은 미래에 주어지는 것이기 때문에 할인된다. 다시 말해, 미래에 실제 배당금 지급이 이루어지는 각 연도의 가치를 특정한 비율, 즉 계산 이자율을 적용해 축소시킨다는 뜻이다. 1년 후에 지급되는 배당금은 지금 바로 지급되는 동일 액수의 배당금보다 그 가치가 적다. 왜냐하면 지금 지급받은 배당금을 즉각 사용할 수 있을 뿐 아니라 그 돈을 불릴 수 있는 기간도 더 길기 때문이다. 이자율은 자본 시장 상황과 같은 특정한 가정에 따라 결정돼야 하는데, 대충 2% 정도 생각하면 될 것 같다. 이 정도 값이면 예상 인플레이션을 보상하기에 충분할 것으로 보인다.

배당 수익이란 무엇인가

주식의 경우에 배당금을 통한 상대 수익, 이른바 배당 수익(dividend yield)을 계산하는 방법은 두 가지다. 하나는 한 해에 지불된 배당금의 수익을 현재 주가와 연관지어 계산하는 것이고, 또 하나는 매수가와 관련해 배당 수익을 계산하는 것이다. 만약 현재 10,573유로의 가치가 있는 주식에 배당금 227유로가 지급되면, 현재 주가와 관련된 배당 수익(current yield)은 2.15%(227÷10,573)가 된다. 그 주식을 처음에 10,000유로에 샀다면, 원래 투자한 자본과 관련한 배당 수익(cost yield)은 2.27%(227÷10,000)가 된다. 시간이 지나면서 주가가 상승할수록 현재의 배당 수익과 당초 투자된 자본을 기준으로 측정한 배당 수익은 점점 격차가 커진다.

가격이 변동하는 이유

독일 자동차 제조업체들을 관찰해보라. 이들의 비즈니스가 얼마나 잘되고 있는지, 그에 따라 이들의 미래 수익과 배당금이 얼마가 될지는 각 제조사 자동차 모델의 품질에만 달려 있는 게 아니다. 이것 말고 전반적인 경제 상황도 중요하다. 사람들은 실업률이 높고 임금이 낮을 때에는 자동차를 잘 구매하지 않기 때문이다. 경쟁 상황도 중요한 매개변수다. 예를 들어, 미국의 고급 전기자동차 제조업체인 테슬라가 더 근사한 자동차를 내놓을수록 다른 자동차 제조업체들의 판매는 더 부진해질 것이다. 그런데 달러화가 매우 강세를 띤다면 테슬라의 경쟁력은 약화될 수밖에 없다. 테슬라의 자동차 가격을 유로로 환산하면 더 비싸지고, 독일 자동차는 상대적으로 더 싸지기 때문이다. 이와 동시에, 미국에서 수입되는 자동차 부품의 가격은 오를 테고, 이는 다시 유럽 자동차 제조사들의 수익을 악화시킨다. 특히 제조업체들이 구매 시 환율 변동 위험을 피하기 위한 조치를 취하지 않고, 그러한 가격 변동을 상쇄해주는 보험에 가입하지 않았을 경우에는 상황이 더욱 악화된다. 어쨌거나 분명한 건 환율이 중요한 역할을 한다는 것이다. 그런데 정확히 어떤 역할을 한다는 것일까?

많은 금융학자들은 물론이고 일부 실용주의자들까지도 주가의 구체적인 변동 양상이나 기업 수익의 변화는 결국 예측할 수 없는 것이라고 전제하고 있다. 이러한 생각대로라면, 모든 관련 변수를 고려해 미래의 이익을 계산함으로써 3개월 후나 연말의 주식 가격을 임의로 도출해내는 이상적인 공식을 마련할 수 있는 사람은 아무도 없다는 이야기가 된다. 그러나 만약 실제로 그렇다고 하더라도, 관련 변수와 주가에 대한 다른 시장 참여자들의 기대가 주식의 가격 형성에 중요한 역할을 하고 있다는 점은 고려해야 할 것이다. 결국 기업의 미래 성과에 대한 이들의 개인적인 평가와 주식에 대한 수요가 주식 그 자체보다도 더 중요한 것이다. 유가증권의 매매를 결정하는 건 미래의 기업 상황과 관련한 이들의 기대에 달려 있기 때문이다.● 이러한 고려사항을 통해 우리는 이 포트폴리오 이론이 말하고자 하는 바를 명확히 알 수 있다. 바로 개별 주가의 구체적인 변동 양상은 궁극적으로 예측할 수가 없다는 것, 그리고 현재의 가격은 이른바 항상 공정한 가격이라는 것이다.

예를 들어, 독일 최대의 자동차 제조업체인 폴크스바겐이 2015년 가을에 사기 혐의로 기소돼 갑자기 엄청난 손해배상 청구금과 벌금이라는 위험에 노출될 줄 누가 예상할 수 있었겠는가? 폴크스바겐이 앞으로 살아남을 수나 있겠는지에 대한 추측이 난무하

● 이러한 현상을 두고 경제학자들은 '미인 콘테스트(Beauty Contest)'라고 하는데, 이는 영국의 경제학자 케인즈(John Maynard Keynes)가 고안한 개념이다. 당시 영국에서 유행하던 미인 콘테스트에서는 여성 100명의 사진을 신문에 게재한 뒤 독자들에게 가장 아름다운 여성을 투표하게 한 뒤 가장 많은 득표를 한 여성을 알아맞힌 사람에게 상금을 주었다. 이때 독자들은 자신이 생각하기에 미인인 사람에게 투표하는 게 아니라 대다수가 미인이라고 여길 것 같은 사람에게 투표하는 전략을 세워야 했다. 케인즈는 주식 투자도 이와 같다고 생각했다. 자기 생각에 괜찮은 게 아니라 대다수가 기대하는 주식이 무엇인지를 파악하는 게 중요하다는 것이다.

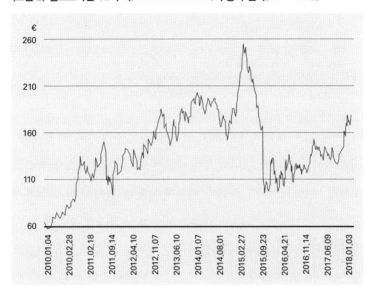

〈그림 2〉 폴크스바겐 Vz 주식(ISIN: DE0007664039)의 종가 변화(2010~2018년)

면서 불과 하룻밤 새 폴크스바겐의 기대 수익이 대폭 하향 조정됐다. 그리고 그 결과 주가도 추락했다. 이에 따라 폴크스바겐이 노르웨이 오일펀드에서 차지하는 규모는 2015년 말 121위로 떨어졌다. 1년 전만 해도 폴크스바겐은 59위였다. 그러나 폴크스바겐에 대한 지분은 1.22%에서 1.02%로 감소하는 데 그쳤다. 다만 폴크스바겐의 위신이 대대적으로 추락하면서 주가 폭락을 초래한 것이다.

> 폴크스바겐의 사기 혐의처럼 개별 기업에 대한 예측할 수 없는 위험을 가리켜 전문용어로는 '비체계적 위험' 또는 '개별적 위험'이라고 한다. 또 모든 주식에 유사한 영향을 미치는 놀라운 사건은 '체계적 위험' 또는 '전

반적 시장 위험'이라고 한다. 2001년 9월 11일 발생한 뉴욕 무역센터 테러나 2008년의 글로벌 금융 위기 같은 것이 여기에 포함된다. 분산 투자는 비체계적 위험으로 인한 영향을 줄일 수 있다. 하지만 체계적인 위험은 대개 그냥 받아들여야 하는 것으로 여겨지고 있다.

이것만으로는 부족했는지, 2017년 여름 강력한 충격이 또 한 번 가해졌다. 폴크스바겐과 다임러가 카르텔을 형성해, 서로 경쟁하는 대신에 배기가스 배출 문제에 대해서 담합을 했다는 의혹이 제기된 것이다. 이로써 이들 두 업체는 비용을 줄였지만, 환경과 소비자들은 위해를 입었다. 이는 불법적인 행위로, 엄청난 벌금이 가해질 수 있고, 또 이로써 수익이 다시 크게 감소할 수도 있다. 여러 승용차 제조업체들이 이 사건에 연루됐다 하더라도, 이는 결국 비체계적 위험이다. 왜냐하면 시장 전체가 이로 인해 영향을 받은 것은 아니고, 또 분산 투자를 통해 그 영향을 줄일 수가 있기 때문이다.

다음의 세 가지 교훈은 현대 포트폴리오 이론과 효율적인 시장 가설에서 꼭 취해야 하는 것들이다.

1. 높은 수익률의 대가는 높은 위험률이다.
2. 상이한 금융 상품들은 변동폭 또한 상이하기 때문에, 상관 관계가 적은 유가증권들을 결합하면 포트폴리오의 변동폭을 줄일 수 있다.
3. 개별 주식 및 채권의 가격은 예측이 불가능하다.

3.

구체적으로
살펴보기

다른 많은 메가펀드와 달리, 노르웨이는 유가증권 시장에만 거의 전적으로 투자하고 있다. 이 시장은 관심 있는 모든 사람에게, 그러니까 당신에게도 개방돼 있다. 커튼 뒤에서 최소 투자금이 수백만 유로나 되는 사모펀드 사업 같은 걸 벌이는 대신, 노르웨이 오일펀드는 개방돼 있는 전 세계의 증권거래소에서 주식과 국채를 매수하고 있다. 말하자면 대부분의 개인 투자자처럼 행동하고 있는 것이다. 다만 그 규모가 더 클 뿐이다. 그렇다면 이 오일펀드처럼 성공하기 위해 그 투자 전략을 본보기로 삼으면 어떨까? 이 장에서는 정책적인 지침이 구체적으로 어떻게 명시돼 있는지, 그리고 노르웨이가 어떠한 이유에서 어떠한 주식과 국채, 부동산을 선호하고 있는지 살펴보기로 한다.

주식투자:
다양한 자산등급으로 분산 투자하기

2017년 9월 말 현재, 노르웨이 오일펀드는 60억 유로 상당의 애플 주식, 글로벌 거대 식품기업 네슬레의 지분 50억 유로어치, 석유 그룹 셸의 지분 45억 유로 이상을 보유하고 있다. 2017년 3분기 말을 기준으로 노르웨이 오일펀드에서 이 3대 기업의 주가 총합은 독일 DAX30에서 독일 2개 기업, 즉 루프트한자와 미디어 그룹인 프로지벤자트아인스(Pro7Sat1)의 가치를 더한 것과 맞먹었다. 그리고 이들 3개 기업의 뒤를 이어, 구글의 모기업 알파벳(Alphabet)과 소프트웨어 업체 마이크로소프트가 자리한다. 이들 기업이 바로 오일펀드의 5대 지분 참여 대상 기업이었다.

오일펀드가 주식을 보유한 기업의 수는 1998년 말 약 2,000개였던 것이 현재 약 9,000개로 늘어났다. 이는 2008년, 소형주(small cap)에 대한 투자가 허용된 것도 크게 작용한 것으로 보인다.

주식이란 무엇인가

언론에선 늘 워렌 버핏과 같은 스타급 투자자들의 소식을 전하며, 이들이 어느 상장기업의 주식을 샀는지 혹은 팔았는지를 다룬다. 그런데 당신이 주식을 소유하고 있다면, 당신도 공공연하게 이와 똑같은 이야기를 하고 다녀도 된다. 주식이란 그 소유자에게 특정 기업의 지분이 귀속됨을 보여주는 문서다. 그래서 주식을 그냥 지분증권이라고도 한다. 기업의 주식 한 주를 매수하는 데에는 보통 100유로도 채 하지 않는다. 따라서 주식 거래소는 특권계층의 소유물이 절대 아니다.

기업은 새로운 자본이 필요하되 은행이나 투자자에게는 빚을 지고 싶지 않을 때 주식을 발행한다. 주식 매수인은 그 기업에 자기자본을 제공하고 이로써 그 기업을 부분적으로 소유하게 되는 것이다. 이 외에도 매수인은 주주로서 수익 분배에 참여하고 배당금을 받는다.

그런데 늘 '소유권에 대한 의무' 이야기가 나온다. 이 의무사항들을 이행하기 위해, 주주들은 1년에 한 번 열리는 주주총회에서 회사를 어떻게 운영할지에 대한 공동 결정을 내릴 수가 있다. 의결권이 없는 주식 또는 복수 의결권이 있는 주식(둘 모두 예외적인 경우)을 갖고 있지 않은 이상, 주식 한 주에 대해서 하나의 의결권이 주어진다. 기업 합병이든 아니면 감독위원회의 임명이든 뭐든 상관없이, 모든 주주는 각자 일정한 공동 의결권을 행사할 수 있으며, 주식 한 주를 갖고 있다 하더라도 연례 주주총회에서 발언할 수 있는 권리가 있다.

노르웨이 오일펀드가 보유하고 있는 개별 주식

2016년 12월 31일을 기준으로 노르웨이 오일펀드가 가장 많은 지분을 보유하고 있는 10대 개별 기업을 꼽아보면 다음과 같이 세계 최고 기업들이 다 포함돼 있다.

1. 스위스의 거대 식품기업 네슬레
2. 영국의 석유회사 셸
3. 미국의 거대 기술기업 애플
4. 구글의 모기업 알파벳
5. 마이크로소프트
6. 스위스의 제약회사 로슈
7. 스위스의 제약회사 노바티스

8. 미국의 자산운용기업 블랙록

9. 미국의 석유회사 엑슨

10. 미국의 거대 제약회사 존슨앤존슨

노르웨이 오일펀드는 이 10개 기업 각각에 대해 적게는 0.8%(알파벳)에서 많게는 5.2%(블랙록)의 지분을 보유하고 있다. 10개 기업에 대한 전체 투자금의 총합은 약 400억 유로에 달하며 이는 오일펀드가 보유한 전체 주식의 7.6%에 해당한다.

> 상위 15개 종목의 비중이 오일펀드 전체 주식 자산의 10%를 차지하고 있다. 50%를 넘어서는 것은 8,703번째 종목부터이다. 상위 282개 기업에 대한 투자 규모가 나머지 8,676개 개별 상품에 대한 투자규모와 거의 동일하다는 얘기다. 개별 주식을 살펴보면, 이 펀드는 매우 다양하게 분산 투자를 하고 있어 유가증권 약 7,000개에 대한 오일펀드의 지분참여율은 20,000분의 1(0.0005%)밖에도 미치지 못한다. 그래도 금액으로 따지면 각각 거의 2,600만 유로에 달한다. 그리고 약 50개 기업에 대해서는 펀드 규모에 비해 우스울 정도로 적은, 110,000유로에도 훨씬 못 미치는 금액의 지분을 갖고 있다.
>
> 노르웨이 오일펀드는 단위가 큰 대기업 주식들뿐만 아니라, 수치상으로는 하위에 있는 수많은 기업들에도 투자하고 있다. 이들 기업의 주식은 저렴한 편이어서 개인 투자자들도 얼마든지 살 수 있다.

〈표 6〉 오일펀드의 10대 지분 참여 기업

순위	지역	국가	기업	업종	시장가 (십억 유로)	오일펀드 주식등급 내 비중(%)	해당 기업 주식자본 비중(%)	2016년도 가격 변화 (%)
1	유럽	스위스	네슬레	소비재	5.61	1.1	2.7	-0.3
2	유럽	영국	로열 더치 셸	석유 & 가스	5.18	1.0	2.3	24.1
3	북미	미국	애플	기술	4.95	1.0	0.9	15.7
4	북미	미국	알파벳	기술	4.02	0.8	0.8	7.8
5	북미	미국	마이크로 소프트	기술	3.81	0.7	0.8	18.0
6	유럽	스위스	로슈 홀딩	보건	3.62	0.7	1.9	-13.5
7	유럽	스위스	노바티스	보건	3.56	0.7	2.0	-13.1
8	북미	미국	블랙록	금융	3.06	0.7	5.2	15.2
9	북미	미국	엑슨모빌	석유 & 가스	2.90	0.6	0.8	19.5
10	북미	미국	존슨 & 존슨	보건	2.86	0.6	1.0	17.3

출처: NBIM, www.finanzen.net

〈표 7〉 오일펀드가 투자한 소형주

순위	지역	국가	기업	업종	시장가 (십억 유로)	오일펀드 주식등급 내 비중(%)	해당 기업 주식자본 비중(%)	2016년도 가격 변화 (%)
100	유럽	프랑스	제시나	금융	0.82000	0.15763	9.8	17.5
2100	유럽	러시아	아에로플로트	소비자 서비스	0.04000	0.00780	1.5	240.6
4100	아시아	필리핀	PLDT	통신	0.01500	0.00282	2.6	-28.5
6100	유럽	영국	윈캔톤	물류	0.00483	0.00093	1.4	27.1
8100	유럽	벨기에	QFG	금융	0.00086	0.00017	7.4	48.2

출처: finanzen.net/historisch (normalerweise Frankfurter Daten) außer: Quest for Growth: https://www.euronext.com/products/equities/bE0003730448-XbRu/quotes

〈표 6〉은 노르웨이 오일펀드가 2016년 12월 31일 기준으로 전 세계에서 가장 많은 개별 지분을 갖고 있는 10대 기업의 목록과 이들의 시장가격, 그리고 이 펀드에서 차지하고 있는 주식 비율, 그리고 2016년도 성과를 보여주고 있다.

주식 투자의 추이

2016년 말, 노르웨이 오일펀드가 보유하고 있는 주식은 지난 1년 사이 상이한 발전 양상을 보였다. 대부분은 주가가 상승했고, 일부는 하락했으며, 또 일부는 거의 답보 상태를 보였다. 노르웨이 오일펀드의 주식 부분 추이는 이 모든 주식들의 개별 성과가 더해져서 만들어진다. 물론 가장 의미 있는 주식(2016년의 경우에는 네슬레)의 변화는 이보다 순위가 훨씬 아래에 있는, 가령 1,850번째 순위의 주식(2016년에는 독일의 인터넷 거래업체 잘란도가 여기에 해당했다)보다 가중치가 훨씬 더 높다.

이 책에서 노르웨이 오일펀드의 포트폴리오에 있는 개별 주식의 연수익률을 다 보여주기란 불가능하다. 그렇게 하려면 엑셀 표의 행이 거의 9,000개는 돼야 할 것이다. 여기서는 우선 〈표 6〉에서 상위 10대 기업 주식의 비중과 가격 변화를 정리했다. 개별 주식들의 성과가 천차만별이라는 점은 소형주 다섯 종목을 보여주는 〈표 7〉에서도 확인할 수 있다. 무작위로 선정한 다섯 종목의 가격이 노르웨이 오일펀드에서 선택한 주식들의 1년 내 변동 상황을 보다 분명하게 이해하는 데 도움을 줄 것이다.

- 10대 주요 개별 주식(표 6)

- 노르웨이 오일펀드 내에서 2016년도 순위 100위, 2,100위, 4,100위, 6,100위 및 8,100위를 차지하는 5개 소규모 주식(무작위 선정) (표7)

표에 나온 개별 주식들의 동향을 보면 분산 투자가 변동 및 이에 따른 전체 포트폴리오의 위험을 줄여주고 궁극적으로는 상이한 주가 전개를 부분적으로 상쇄시켜준다는 사실을 알 수 있다.

물론 애플이나 네슬레, 또는 블랙록 같은 세계 주요 기업들의 최대 주주가 된다는 것이 언뜻 보기에는 광범위한 분산 투자와 별 상관이 없어 보이기도 한다. 그러나 조금만 더 자세히 살펴보면, 노르웨이 오일펀드가 상위 5개 기업에 190억 유로를 투자했고 이들 기업이 실제로 최대 개별 주주로 꼽히고 있음에도 불구하고, 이들 5개 기업 전체 주식이 노르웨이 오일펀드에서 차지하는 비중은 그다지 크지 않다. 예를 들어, 네슬레의 비중은 전체의 1% 정도다. 그러니까 오일펀드가 주식에 투자한 전체 금액이 100유로라고 하면, 네슬레에 1유로 정도밖에 투자하지 않았다는 이야기다.

노르웨이 오일펀드에 있어서 이 말은, 네슬레나 셸 또는 애플의 주가가 갑자기 폭락해서 반토막이 난다고 하더라도 오일펀드는 최소한의 영향만 받는다는 뜻이다. 이로 인한 주가 손실은 0.5%밖에 되지 않을 테니 말이다(주가가 50% 하락하고 펀드 내 비율이 1%일 경우).

시간의 흐름에 따른 개별 주식들의 기여

2016년 말 노르웨이 오일펀드의 상위 10위권에 들어 있던 개별 주식들은 상당히 오랫동안 이 펀드의 투자에 중요한 역할을 해왔고, 그것은 지금도 마찬가지다. 2분기 연속 성과를 살펴보면, 10대 주요 종목의 대부분이 전년도에도 최고의 자리를 차지하고 있었을 가능성이 상당히 높다. 2017년 1분기 상위 10개 기업을 보면, 이보다 3개월 전인 2016년 말 10대 기업에 들어 있지 않았던 기업은 아마존 하나밖에 없는 것을 알 수 있다. 아마존의 주가는 이 3개월 사이에 16위에서 9위로 상승했고, 이로써 엑슨(Exxon)이 10위권 밖으로 물러나야만 했다. 2016년 말 오일펀드의 주축이었던 네슬레와 로슈, 그리고 존슨앤존슨은 이미 10년째 그 자리를 굳건히 지키고 있었다. 가장 중요한 주식들이라고 불리는 것들은 분기 말에서 그다음 분기 말 사이에 변하지 않으며, 연말에서 그다음 연말 사이에도 급격한 변동이 없다. 대형 지수와 마찬가지로, 이 역시 노르웨이 오일펀드가 종목 선정과 변경을 자주 하는 다른 상품들보다 얼마나 보수적으로 투자하고 있는지 잘 보여준다.

여기에다 독일의 대표지수 DAX를 살펴보면 더 많은 사실을 알 수 있다. 노르웨이 오일펀드는 주식 투자를 시작한 이후 DAX30의 모든 주식에 꾸준하게 투자했다. 물론 개별적인 주식, 가령 BMW와 폴크스바겐의 주식 비중은 해마다 다르며, 이들 종목이 DAX30에서 차지하는 비중과도 차이가 있다. 이러한 사실은 NBIM이 발표한 독일 주식시장과의 상관관계를 나타내는 데이터를 통해서도 분명히 알 수 있다. 다시 말해, 노르웨이 오일펀드는 독일 주요 지수인 DAX를 그냥 복사하는 것이 아니다. MSCI와 같은 대형 지수 공급자들 역시 독일 전체 시장에서 좀 더 좋은 성과를 내고 이로써 위험과 기회를 좀 더 잘 이용하기 위해 DAX의 공식 분산투자와는 조금 다른 투자를 실시한다. 당신도 이렇게 하는 것이 좋다. 자국의 주요 지수에 포함된 기업들이 이름 없는 소형주들보다 아무리 더 친숙하게 느껴지더라도 말이다. 상당수 투자자들은 예를 들어 가장 높은 배당 수익을 제시하는 주식에만 투자하려고 한다. 그러나 노르웨이 오일펀드가 DAX30의 모든 기업, 즉 MSCI 독일에서도 중요한 역할을 하고 있는 시가총액 최대 기업들의 주식을 확보하고 있다는 것은, 노르웨이 오일펀드가 이 전략을 따르지 않는다는 것을 보여준다. 대신 노르웨이 오일펀드는 매우 광범위하고 비교적 수동적인 투자를 실시한다.

노르웨이 오일펀드의 개별 주식을 분석하면, 개인 투자자로서 당신에게도 분명히 흥미가 있을 법한 다음 두 가지 주요 사항이 도출된다.

1. 노르웨이 오일펀드는 특별히 적극적인 투자자는 아니다. 노르웨이 오일펀드는 일단 한 번 매수한 기업의 주식을 아주 오래 보유한다.

2. 이와 동시에 노르웨이 오일펀드는 매우 광범위한 분산 투자를 실시하며, 따라서 특정 국가의 주요 기업들의 비중 또한 그 나라의 주요 지수를 무조건 따르지 않는다.

노르웨이 오일펀드가 투자하는 국가 및 지역

노르웨이 오일펀드는 2016년 말 기준으로 모두 70개국에 걸쳐 주식을 확보하고 있다. 물론 미국에 대한 투자가 압도적인 1위를 차지하고 있고, 그 뒤를 이어 영국과 일본, 독일, 그리고 프랑스가 순위에 올라 있다. 이들 5개 국가가 노르웨이 오일펀드 전체 주식 포트폴리오의 3분의 2 이상을 차지하고 있다. 다른 선진국 시장들까지 더하면 그 비율은 90.5%로 껑충 뛴다. 그러니까 주식 포트폴리오의 나머지 9.5%를 바로 신흥공업국(신흥경제국 또는 이머징 마켓이라고도 불린다)이 차지하고 있다. 여기에서는 중국이 가장 큰 비중을 차지하고 있지만, 선진국 그룹에서 미국이 차지하고 있는 비중처럼 그렇게 압도적인 역할을 하지는 못하고 있다. 국가들에 대한 투자 비율을 지역 기준으로 살펴보면, 북미(미국과 캐나다)가 노르웨이 오일펀드에서 최대 비중을 차지하고 있고, 그 뒤를 유럽과 아시아가 잇고 있다.

신흥공업국이란 무엇인가

경제학자들은 지구상의 나라들을 국민경제 발전 상황에 따라 분류하고 있다. 가장 눈에 띄는 분류는 선진공업국과 개발도상국으로 구분하는 것이다. 후자는 1차 산업, 특히 농업이 가장 큰 비중을 차지하고 있고, 전자는 2차 산업과 주변 산업, 특히 가공업과 서비스업이 크게 발달돼 있다. 이머징 이코노미 또는 이머징 마켓이라고도 불리는 신흥공업국은 개발도상국의 상황보다는 낮지만 아직 선진공업국으로 분류하기에는 이른 나라들이다. 흔히 이들 나라는 심한 빈부 격차를 보이기도 한다.

신흥공업국은 그 정의에 따라 10여 개국에서 수십 개국에 이른다. 이는 지수에 반영되기도 하며, 폴란드와 같은 EU 회원국과 싱가포르가 신흥공업국으로 분류되기도 한다. 한편, 유엔개발계획(UNDP)의 인간개발보고서(Human Development Report)는 노르웨이를 지구상에서 가장 발전된 국가로 보고 있는데, 여기에선 평균수명 및 소득과 같은 지표가 사용되고 있다.

주가 변동 상황도 지역별로 분류할 수 있다. 2016년 선진공업국에 투자된 주식은 평균 8.2%의 성장률을 보여, 전체 포트폴리오의 성장세에는 조금 못 미쳤다. 반면, 신흥공업국 주식은 이보다 크게 성장해 13.2%를 기록했다. 미국 시장은 폭발적인 성장세(15.5%)를 보인 반면, 유럽은 저조(2%)했다. 그중에서도 노르웨이 오일펀드에서 국가별로는 두 번째로 많이 투자된 영국의 실적이 매우 저조해, 일반적인 통화 바스켓을 기준으로 0.4% 성장하는 데 그쳤다. 이는 영국 파운드화의 약세 때문으로 풀이할 수 있는데, 파운드화로 환산할 경우의 성장률은 16.5%나 되기 때문이다. 이와 비슷하게 신흥공업국들 사이에서도 심한 편차가 두드러졌다. 중국은 답보 상태를 보인 반면, 대만은 20%, 브라질은 무려 70%나 성장했다.

인구와 경제규모는 국제적으로 매우 불균등한 분포 양상을 보인다. 중국과 인도에는 특히 매우 많은 사람들이 살고 있다. 그러나 경제적으로는 유럽과 미국이 더욱 중요하다. 노르웨이 오일펀드의

〈표 8〉노르웨이 오일펀드의 투자 대상 지역

지역	기업 수	오일펀드 주식등급 내 비중(%)
아프리카	196	0.7
아시아	3,898	18.9
유럽	1,881	36.6
남미	262	1.3
중동	152	0.4
북미	2,268	39.8
오세아니아	328	2.3
총계	8,985	100.0

자금 역시 지리적으로 상이하게 투자돼 있다. 주로 경제규모가 큰 선진국들, 즉 미국과 유럽에 초점을 맞춰 여기에 집중적인 투자를 한 것으로 나타난다. 거대 인구를 지닌 중국과 인도는 이에 비해 투자 비중이 적다.

시간이 흐르면서 노르웨이 오일펀드의 주식 자산은 점점 더 많은 국가로 분산 투자됐다. 이러한 흐름은 꽤 일정하게 진행돼 왔지만, 가끔은 비약적인 분산 투자가 이뤄지기도 했다. 원래 21개국에 투자했던 것이 한때 74개국까지 늘어났다가, 지금은 70개국이 됐다. 참고로, 선진국 그룹인 OECD 회원국은 35개국, 유럽연합은

28개국(유럽연합 회원국 대다수가 OECD 회원국이기도 하다)이다. 신흥공업국은 그 정의에 따라 10개국에서 수십 개국 정도로 볼 수 있다. 지구상의 모든 국가를 다 헤아리면 200개가 넘는다. 전 세계적으로 주식시장에 상장된 주식회사의 수는 46,000개가 넘는다.● 그러니까 노르웨이 오일펀드는 전 세계 국가의 약 3분의 1, 그리고 상장 기업의 5분의 1에도 못 미치게 투자하고 있는 것이다. 상당수 국가에는, 그리고 원칙적으로는 아주 작은 기업에는 아예 한 푼도 투자하지 않고 있다.

개별 지역과 국가를 자세히 살펴보면, 두 가지 모두 시간의 흐름에 따라 투자된 자금의 분포가 변했음을 알 수 있다. 처음엔 자금의 50%를 약간 초과한 금액이, 다음엔 50% 정도 선에서 유럽 주식에 대한 투자가 이뤄졌다. 이 비율은 최근 몇 년 사이에 현저히 감소해, 지금은 36%에 머물고 있다. 이와 동시에 투자 대상 지역이 추가됐을 뿐만 아니라, 북미와 아시아 지역에 더 많은 투자가 이뤄지고 유럽의 비중이 감소했다. 노르웨이 오일펀드는 마치 휴가를 보내는 사람처럼 행동한다. 사람들은 보통 처음에는 자국과 비슷하고 가까운 나라로 여행을 떠났다가 점점 더 낯설고 이국적인 곳을 탐험하러 나선다. 노르웨이의 시각에서는 무엇보다 서구 선진국들이 경제 구조나 제도 측면에서 자국과 유사하다고 생각한

● 세계거래소연맹(World Federation of Exchanges)의 2016년 통계자료 참조. https://www.world-exchanges.org/home/index.php/statistics/annual-statistics

것이다.

　노르웨이 오일펀드는 초기엔 OECD에 포함돼 있는 전형적인 경제 강국들 중 20개국에 홍콩을 더해 총 21개 서구 시장에만 투자하도록 되어 있었다. 그러다가 2001년에 투자 대상 국가가 크게 확대됐다. 추가로 브라질, 멕시코, 터키, 한국, 그리고 대만과 같은 신흥공업국으로까지 자금을 투자할 수 있게 된 것이다. 그리고 다시 몇 년 후에는 거의 모든 시장에 대한 투자가 허용돼, 수많은 국가와 수천 개 기업이 투자 대상이 됐다. 이러한 투자 확대의 배경은 바로 '글로벌 경제에 보다 잘 부응하고 전반적인 다원화를 개선하는 것'이었다. 이를 순차적으로 실행하는 것은 정치적인 시각에서도 충분히 의미 있는 일이다. 오일펀드 매니저들뿐만 아니라 노르웨이 시민들도 마치 휴가지를 고르는 사람들처럼 일단 친숙한 곳에서 경험을 조금 했으니 이제 좀 더 적극적인 투자를 감행하는 것에 찬성하는 입장을 보였다. 물론 어디에 투자를 할지 결정하는 건 시민들이 아니지만, NBIM은 이들 시민들을 위해 연차보고서를 발행하고 있다. 정치인들과 마찬가지로 시민들도 투자 대상을 정할 때 처음부터 직접 전 세계를 대하는 대신에 일단 작은 지역부터 대하는 게 크게 도움이 됐다.

신흥공업국에 투자하는 것이 가치 있는 이유

신흥공업국을 투자 대상에 포함시키거나 부분적으로 그 비중을 확대하는 것은 개인 투자자인 당신에게도 충분히 그럴 만한 가치가 있다. 역사적으로 신흥공업국은 선진국보다 높은 수익률을 보이고 있다. 물론 기대 수익이 더 커지는 만큼 더 높은 위험이 따른다. 저개발국의 주식 시장은 동요가 심하다. 그러나 일반적으로 이들은 선진국의 주식 시장과 다른 동요를 보인다. 위험을 높이고 싶지 않은 사람들에게도 신흥공업국이 흥미로울 수 있는 이유가 바로 여기에 있다. 바로 전통적인 대형 주식시장과의 상관관계가 상대적으로 적다는 것이다. 앞에서 이미 설명한 바와 같이, 상관관계가 적은 유가증권, 즉 주가 변동과는 그다지 유사한 흐름을 보이지 않는 유가증권을 포트폴리오에 포함시키면 변동 폭을 줄일 수 있다. 이것이 바로 여기에도 적용된다. 장기적으로 신흥공업국을 투자 대상에 포함시키면, 위험률과 수익률의 관계가 개선될 수 있다는 얘기다. 노르웨이 오일펀드의 주식 투자에서 현재 신흥공업국은 9.5%를 차지하고 있다.

노르웨이 오일펀드의 지역별 분산투자 현황을 분석하면, 개인 투자자로서 당신에게도 흥미가 있을 법한 다음 두 가지 주요 사항이 도출된다.

1. 노르웨이 오일펀드는 전 세계를 대상으로 점점 더 폭넓은 분산 투자를 실시하고 있다. 그러나 모든 국가에 투자하거나, 전 세계 주식시장에 상장된 모든 기업에 투자하는 것은 아니다.
2. 포트폴리오의 지역별 비중은 글로벌 벤치마크 지수인 FTSE 글로벌의 그것과 정확하게 일치하지 않는다.

작지만 좋다 - 소형주에 대한 투자

일반 언론의 금융 부문에서도, 경제 정책 토론에서도 늘 대기업에 대한 논의가 지배적이다. 개인 투자자가 개별 주식 매수를 고려할 때에도 흔히 크고 유명한 회사를 먼저 생각하는 경우가 많다. 그러나 노르웨이 오일펀드는 이미 약 10년 전부터 소위 소형주에 적지 않은 양을 할애하고 있다.

실제로 노르웨이 오일펀드는 2003년 초, 이미 재무부에 중요한 제안서를 제출했다. 당시 NBIM은 아직까지 소형주에 투자하는 게 허용돼 있지 않았다. 정치권은 2007년 가을이 돼서야 비로소 긍정적인 답변을 내놓았고 순식간에 광범위한 분산 투자가 이뤄졌다. 노르웨이 오일펀드가 보유한 다양한 주식의 수를 살펴보면 이 사실을 분명히 알 수 있다. 2006년 말까지만 해도 3,396개에 그쳤던 것이 2007년 말에는 그 수가 두 배 이상 증가했다. 신흥공업국에 대해서도 비슷한 양상이 전개되고 있다. 노르웨이 오일펀드가 이들 시장으로 진출하는 것이 허용됨과 동시에 곧바로 행동에 돌입하고 있는 것이다.

대형주, 중형주, 소형주

주식이라는 자산등급 내의 일반적인 구분 요소는 해당 주식이 속해 있는 기업의 규모다. 일반적으로는 시가총액(market capitalization), 즉 한 기업의 거래 가능한 모든 주식들의 가치를 표준 기준으로 한다. 여기엔 대형주,

중형주, 소형주, 그리고 초소형주라는 것이 있는데, 세그먼트를 정확히 분리할 수 있도록 국제적으로 통용되는 표준이라는 건 없다.

독일의 경우엔 대체적으로 시가총액이 적어도 50억 유로(약 6조 4천억 원)는 되어야 대형주(블루칩이라고도 불린다)로 분류된다. 모든 DAX30 주식과 일부 MDAX 주식이 여기에 해당된다. 중형주는 시가총액이 보통 20억~50억 유로 규모다. 거의 모든 MDAX 주식이 이 카테고리 안에 들어 있다. 소형주는 그보다 규모가 더 작은데, 이 세그먼트가 SDAX의 대부분을 차지한다.

MSCI와 같은 지수 제공자들은 그 경계를 상대적으로 계산한다. 즉, 시가총액이 상위 70%에 해당하면 대형주로, 그다음 15%는 중형주로, 다시 그다음 14%는 소형주로, 그리고 나머지 1%는 초소형주로 분류하는 방식이다. 여러모로 이 방법이 더 합리적이다. 결국, 규모라는 것은 상대적으로 측정되는 것이기 때문이다. 그리고 다른 한편으로는, 갑자기 경기 호황으로 시가총액이 시장과 함께 커지는 경우(이는 역으로 가치가 하락한 것을 의미한다) 더 많은 기업들이 단순히 금액 면에서 대형주로 분류될 수도 있기 때문이다. 많은 투자자들이 초소형주를 무시하는데, 이는 제반 관리 비용이 너무 많이 들기 때문이다.

노르웨이 오일펀드에서 대형주와 중·소형주가 정확히 얼마만큼의 비율을 차지하고 있는지에 대해서는 상세한 분석 결과가 없다. 지수 제공자들의 기준을 토대로 이 펀드의 주식 포트폴리오의 연간 상황을 계산할 수는 있겠지만, 그렇게 하기에는 여러모로 시간과 비용이 매우 많이 든다. 그래도 2016년도 연차보고서와 이 보고서만큼이나 광범위한 위험/수익 보고서를 주의 깊게 살펴본다면, 적어도 핵심 사항은 계산할 수 있다. 노르웨이 오일펀드는 주식 등급 내 소형주의 비율이 2016년도에 10%를 상회했다고 보고하고 있다. 또 나머지 주식들보다 더 높은 8.7% 이상의 주가 상승률을 기록했다고 전하고 있다.

여기에서도 신흥공업국과 마찬가지 이야기가 적용된다. 소형주는 포트폴리오에 수익을 더 많이 제공하는 동시에 위험도 낮춰줄 수 있다는 것이다. 역사적으로 소규모 기업들의 주가는 블루칩과의 상관관계가 훨씬 더 적으면서, 상승률은 더 높았다. 게다가 총수익률을 높여줄 것이라는 기대 효과까지 있다. 2016년도 위험 보고서에 따르면, 노르웨이 오일펀드에 소형주가 허용된 이후 최근 몇 년 동안 소형주가 2% 더 많은 수익을 낸 것으로 되어 있다. 펀드 관리자들은 중소기업들의 주식이 역사적으로 두드러지게 더 좋은 발전 양상을 보여 왔다며, 만약 2003년에 이미 소형주에 대한 오일펀드의 투자가 허용되었더라면 지난 몇 년 동안 추가로 3%는 더 수익을 냈을 것이라고 지적하고 있다.

채권투자:
보다 안전한 국채에 투자하라

채권은 노르웨이 오일펀드에서 차지하는 비중뿐만 아니라 절대 액수에 있어서도 상당하다. 채권 자산에 대한 투자를 결정할 때도, 오일펀드는 상이한 가중치를 가지는 지수들을 기준으로 한다.

2016년 12월 31일 기준으로 오일펀드는 상이한 1,250개 발행자의 채권을 보유하고 있는데, 개수만 봤을 때 이는 주식의 7분의 1에도 미치지 않는 수치다. 전체 채권 포트폴리오의 약 5분의 1은 미국 국채에 투자됐다. 이 종목을 유로로 환산하면 최대 개별 주식 종목인 네슬레보다 10배 더 많다. 그 뒤를 잇고 있는 일본, 독일, 영국, 그리고 멕시코의 국채가 오일펀드 국채 비율의 약 2~6%를 차지하고 있으며, 이들을 다 더하면 마찬가지로 네슬레의 주식 시총을 뛰어넘는다.

채권의 경우 14번째 투자 순위에 이르면 이미 전체의 50%를 넘어선다. 남은 1,236개 종목에 투자된 금액이 상위 14개 종목에 투자된 금액과 비슷하다. 이로써 채권이 주식보다 훨씬 더 높은 투자 집중도를 보이고 있음을 알 수 있다.

채권이란 무엇인가

채권은 기업과 국가가 돈을 모으는 한 방법으로서, 채권을 발행함으로써 기업과 국가는 채무자가 된다. 채무자가 하나 또는 여럿의 자금 제공자(채권자)와 고전적인 대출 관계에 얽매여 있는 동안 채무자는 공식적으로 채권을 발행하는데, 이 채권은 다시 주식처럼 거래가 가능하다. 이로써 누구나 기업이나 국가에게 주어진 조건하에서 돈을 빌려줄 수 있는 기회를 가진다. 주식과 마찬가지로 누구나 채권을 통해 기업에 금융 지원을 해줌으로써 사업을 할 수가 있는 것이다. 채권자는 돈을 제공하고, 그에 대한 급부로서 미리 확정된 기간(유효 기간) 동안 은행 대출 시의 이자와 비슷한 특정 금액을 매년 받는다. 매년 지불되는 돈의 액수는 사전에 확정되며, 이를 명목이자 또는 쿠폰이라 부른다. 그렇기 때문에 채권을 이자 확정부 유가증권이라고도 한다.

채권이 발행될 때 이를 바로 매수해서 유효 기간 만료 때까지 보유하고 있는 사람은, 이로써 어떤 수익을 낼지를, 다시 말해 이미 고지된 금리를 정확히 알고 있다. 또한 거래 가능한 채권은 가격이 하락하거나 상승할 수 있다. 가격이 어느 방향으로 움직일지, 그리고 얼마나 많이 변동할지는 한편으로 현재의 일반 금리 수준에 달려 있고, 다른 한편으로 기업이 지불상의 어려움을 겪으면서 더 이상 합의한 대로 채무를 상환하지 못할 위험이 얼마나 큰지에 달려 있다. 따라서 기업이 파산하면 채권도 주식과 마찬가지로 전체 손실로 이어질 수 있다. 그러나 채권에는 우선권이 주어진다. 즉, 채무 불이행 시 주주에게 돈이 지급되기 전에 채권에 우선변제가 되는 것이다. 또 커버드 본드(Covered Bond)라고 해서, 채무 불이행을 막는 담보부 채권도 있다.

노르웨이 오일펀드가 보유한 채권 가운데 약 67%는 이자 확정부 국채다(2106년 말 기준). 회사채는 17번째 순위의 채권에 처음 등장한다. 뱅크오브아메리카의 채권인데, 여기에 22억 유로(채권 규모의 0.76%)가 투자돼 있다. 독일 기업의 회사채는 134위에 처음으로 등장하는데, 약 2억 5,000만 유로가 투자된 텔레콤이다. 그다음으로 많이 투자된 독일 기업은 지멘스다. 전통적인 회사채는 전체 채권 투자금의 22%를 차지했는데, 여기에는 특히 커버드 본드까지 포함되어 있다. 2016년 노르웨이 오일펀드는 국채보다 회사채에서 더 높은 수익을 기록했다(4.2% vs 6.6%). 일반적으로 그렇듯, 여기에서도 더 높은 기대수익률은 더 높은 위험률을 의미한다. 위험률을 좀 더 낮게 유지하기 위해, 오일펀드는 지침에 따라 회사채보다 국채에 좀 더 많이 투자해야만 한다.

노르웨이 오일펀드의 연간 통계는 발행자와 해당 국가 및 지역에 따라서만 구분한다. 유효 기간 같은 다른 특징들에 대해선 별도의 구분이 없다. 모두 4,781개에 이르는 상이한 채권이 있다는 언급은 있지만, 어떤 채권인지는 구체적으로 설명돼 있지 않다. 국가나 기업의 채권들은 분명 매우 상이할 것이고, 수익률도 천차만별일 것이다. 그리고 잔여 유효 기간이 짧을수록 더 낮은 수익률로 이어질 것이고, 잔여 유효 기간이 길수록 더 높은 수익률로 이어질 것이다. 그러나 노르웨이 오일펀드는 그저 전체 채권의 평균 잔여 유효 기간이 6.2년이고, 이자율은 2.1%라고만 언급하고 있다. 이 부분에서 이 펀드는 이례적으로 불투명하다고 하겠다.

2016년 미국 국채는 수익률 3.1%로 이 세그먼트의 평균치 (3.4%)보다 조금 낮은 수치를 보였고 유로 채권은 3.3%로 평균에 약간 못 미친 반면, 일본 국채는 무려 7.4%를 기록했다. 이는 환율 효과 때문으로도 풀이할 수 있다. 2016년 가장 높은 수치를 보인 것은 브라질로서, 무려 60.3%를 기록했다. 물론 이것 역시 환율 효과에 기인한 것으로, 해당 국가의 통화로는 그 절반인 30%다. 그럼에도 오일펀드의 총 수익률이 통화 바스켓의 가치를 기준으로 평가된다는 점을 생각하면 브라질의 높은 수치는 매우 중요한 의미를 지닌다고 할 수 있다. 잊어버리지 않도록 하기 위해 다시 한번 말하지만, 노르웨이 오일펀드는 국제 투자자로서 이러한 효과에 당연히 노출돼 있고, 가치 변동에 대한 계산은 늘 통화 바스켓을 기준으로 실시되기 때문에 각국의 개별 통화로 계산한 성과와는 일반적으로 거리가 좀 있다. 노르웨이 오일펀드가 국제 구매력 측면에서 그 힘이 커졌는지, 커졌다면 얼마나 커졌는지를 파악하는 건 매우 중요하다. 궁극적으로 오일펀드의 돈은 국제적으로 투자되어야 하기 때문이다.

채권 부문을 오일펀드의 주식 부문과 비교해보면, 두 자산등급의 전략상 공통점과 차이점을 파악하는 데 도움이 된다. 채권의 경우엔 G4라고 불리는 주요 국제 통화에 약 82%가 투자됐다. 유로(EUR), 미국 달러(USD), 일본 엔(YEN), 그리고 영국 파운드(GBP)가 바로 그것이다. 채권에서는 미국 달러로 표시된 증권을 기준으로 한 미국의 비중, 즉 미국 회사채와 국채의 비중이 2016년 12월

31일을 기준으로 주식보다 조금 더 높은 44%를 웃돌았다. 유로존은 여기에서도 주식 부문과 마찬가지로 2위를 차지했다.

채권 부문에서 가장 중요한 10대 국가는 주식 부문과 달리 전통적인 선진공업국들로 도배되지 않았다. 조금 특수하다고 할 수 있는 한국(원, KRW), 멕시코(페소, MXN), 그리고 인도(루피, INR) 통화가 주요 10대 투자 대상에 속해 있다. 그리고 상위 20개 투자 대상에는 브라질 헤알(BRL), 인도네시아 루피(IDR), 폴란드 즐로티(PLN), 러시아 루블(RUB)과 같은 여러 특이한 통화가 들어 있다.

전반적으로, 채권의 13%는 신흥공업국에 투자되었는데 이는 주식보다 조금 높은 수치이다.

특별 기준 '신용도'

채권 투자가 주식 투자와 다른 점 하나는, 주식에서는 별 역할을 하지 않는 평가 기준이 있다는 것이다. 기업 또는 국가의 신용도가 바로 그것이다. 남에게 돈을 빌려주는 사람은 언젠가 그 돈을 돌려받고자 하고, 당연히 이자도 원한다. 채무자가 언제나 정확하게 이자를 지불하고 마지막에 반드시 채무를 변제할 경우 그는 채권자의 사랑을 받는 것은 물론이고, 채무 불이행 위험이 적기 때문에 신뢰도가 낮고 위험도가 높은 채무자보다 낮은 금리를 적용받게 된다.

부동산을 구입하거나 자동차를 사기 위해 은행에서 돈을 빌리려면 일단 원하는 금액을 대출받을 수 있는 정도의 신용이 쌓여 있어야 한다. 은행은 대출 신청인의 금융 상태를 면밀하게 살펴보면서 그의 신용 등급 정도를 파악하려고 한다. 또한 해당 고객이 늘 정확하게 상환하지 않는 건 아닌지, 혹시 지불 능력이 전혀 없는 건 아닌지, 그래서 결국엔 은행이 손해를 보게 될 가능성이 얼마나 되는지도 평가한다. 신용평가기관들도 기업과 국가에 대해서 이와 유사한 방법을 취한다. 이들이 합의한 대로 신용을 지키지 않을 위험성은 얼마나 높은지를 사정하고, 그 결과를 특정한 알파벳 조합으로 표시한다.

대표적인 3대 신용평가기관인 피치, 무디스, 그리고 스탠다드 앤푸어스는 각자의 평가 결과를 유사한 방식으로 표현하고 있다. 최고 등급은 AAA 또는 Aaa인데, 두 경우 모두 트리플 A라고 한다. 이는 대출을 받으려는 대상이 돈을 갚지 않을 가능성이 극도로 낮다는 것을 의미한다. 마찬가지로 상당히 신용도가 높은 편에 속하는 두 번째 등급은 AA+, AA, AA-이며, 그다음이 A+, A, A-다(무디스는 Aa1, Aa2, Aa3에 이어 A1, A2, A3로 표현한다). 이어서 그다음으로 계속해서 BBB+(무디스는 Baa1) 등으로 진행되다가, D에서 끝난다(무디스는 C). 여기서 마지막의 D는 디폴트(default), 즉 채무 불이행을 나타낸다.

노르웨이 오일펀드는 2016년 말 기준으로 이자 확정부 채권 투자의 상당 부분을 훌륭하거나 매우 훌륭하다고 평가된 국채 및 회사채에 투자하고 있었다. 하지만 5분의 1에 가까운 자금은 BBB 등급을 받은 낮은 신용도의 유가증권(investment grade, 즉 투자적격증권)

에 투자했다. 그리고 2%를 조금 넘는 아주 적은 비율만이 투기에 가까운 투자를 한 것으로 평가됐다. 최고 등급 평가를 받은 유가증권이 거의 다 국채인 반면, 투자적격증권은 회사채가 압도적인 비율을 차지하고 있다. 또 반대로 적지만 투기적인 성향의 투자에 있어서는 다시 국채가 압도적으로 많다.

신용등급 강등

특정 시점에서 꽤 안전하다고 간주되는 채권이 2년 후에 (혹은 그보다 더 일찍) 정크본드로 분류되는 등 평가가 낮아질 수도 있다. 채무자의 디폴트 가능성이 현저히 높아질 때 이런 일이 발생하는데, 이렇게 되면 채권을 매수하거나 매도하지 않더라도 신용도에 따른 포트폴리오의 변화가 생긴다. 금융 위기가 시작되면서 많은 곳에서 급격한 신용등급 강등 사례가 발생했다. 투자자가 시장을 떠나지 않는 이상, 이들은 신용등급이 뚝 떨어진 채권을 계속 보유하고 있을 수밖에 없다. 포트폴리오 구성의 초기에 매수한 채권들은 더 이상 우량 등급을 유지하지 못한 채 그저 위험만 높아질 뿐이다. 노르웨이 오일펀드가 보유하고 있는 채권에 대한 평가도 시간이 흐르면서 변하곤 한다. 그럼에도 불구하고, 오일펀드의 역사를 보면, 비교적 낮은(BBB 또는 그 이하) 등급의 채권에 대한 비율은 10% 미만이었던 반면, 최고 등급(AAA)으로 분류된 채권은 오랫동안 절반 이상을 차지하고 있었다. 이는 오일펀드의 채권 부문이 지역과 섹터, 종목에 있어서 그다지 큰 변화를 주지 않았음을 뜻한다.

노르웨이 오일펀드의 채권을 분석하면 다음과 같은 3가지 핵심사항을 알 수 있다.

1. 채권의 경우에도 성과의 차이가 매우 심하다.
2. 이때, 환율 효과가 긍정적으로 혹은 부정적으로 영향을 줄 수 있다.
3. 신용평가기관이 안전하다고 평가한 채권도 완전히 부실해질 수 있으며 이로 인해 평균 수익률을 끌어내릴 수 있다.

부동산 투자:
2.5%의 위용

베를린, 뮌헨, 런던, 파리, 뉴욕……. 노르웨이 오일펀드는 최단시간 내에 세계 주요 도시들의 알짜 건물로 구성된 부동산 포트폴리오를 만들어냈다. 2016년 말 현재, 노르웨이 오일펀드는 13개국의 건물 807개(또는 그 지분)에 투자되어 있으며 그 추정 시가는 약 210억 유로(약 27조 원)에 이른다.● 물론 이는 상당한 금액이다. 하지만 부동산 소유라는 물리적 포트폴리오 구성(상장된 부동산 기업에 대한 지분은 여기에 포함되지 않았지만, 이 펀드의 전체 성과를 계산할 때에는 이 부분도 반영했다)은 주식과 채권에 비해 비교적 단출한 편이라 할 수 있다.

● 　출처: NBIM 2016년도 부동산 보고서

2016년 12월 31일 기준으로 전체 오일펀드에서 차지하는 비중이 2.5%밖에 되지 않기 때문이다. 이 가운데 절반은 유럽에, 나머지 절반은 미국에 투자됐다. 사무용 건물이 포트폴리오의 64%를 차지하고, 물류 창고가 22%, 상점이 12%를 차지한다. 한 해 동안의 부동산 거래량을 보면, 매각 규모는 2억 7,500만 유로, 매수 규모는 20억 유로에 달했다.

부동산 포트폴리오의 절반을 차지하는 미국에 이어, 노르웨이 오일펀드가 2016년 말 가장 집중적으로 부동산 투자를 한 곳은 영국(22.9%)이었고, 그 뒤를 프랑스(14.8%)와 스위스(4.5%), 그리고 독일(3.3%)이 따르고 있다.

> 노르웨이 오일펀드는 전 세계 주요 대도시들의 번화가에 집중적으로 투자한다. 어쩌면 당신도 이 펀드가 소유하고 있거나 지분 투자를 하고 있는 건물을 지나갔을 수도 있다. 파리에서는 롱 푸앙 데 샹−젤리제에서 부동산을 매수했고, 런던에서는 명품 쇼핑으로 유명한 리젠트 스트리트 건물들, 베를린에서는 쿠담 거리의 크란즐러 에크 빌딩과 악셀 슈프링어 출판사의 신축 건물을 포트폴리오에 포함시켰다. 또 뮌헨에서는 〈쥐트도이체차이퉁〉의 본사가 있는 유리로 된 오피스타워도 일부 사들였다.

임대 소득과 가치 상승으로 구성되는 총 수익률은 유지보수 및 기타 비용을 제하고 1.7%를 보였다. 여기엔 9% 조금 안 되는 공실률도 반영됐다. 해당 부동산을 아무도 이용하지 않으면 소득이 발생하지 않지만 비용은 계속 발생한다. 그래서 전체 부동산 세그먼트는 0.8%라는 저조한 수익률을 내는 데 그쳤다. 부동산 주식도 여기에 포함됐는데, 이 주식이 2016년에 평균 2.3% 손실을 냈다는 점도 수익률을 끌어내린 한 원인이다.

노르웨이 오일펀드는 인구 성장 혹은 고용 증가가 기대되는 이른바 전략적 도시들에 집중하고 있다. NBIM은 고등 교육을 받은 인구가 많고 돈을 끌어들이는 도시들을 특별히 전망이 밝다고 여긴다. 또한 규제가 엄격하거나, 해안이나 산과 같은 자연적인 제약으로 인해 새로운 부동산을 건설하는 것이 용이하지 않은 지역을 선호하는 편이다.

NBIM은 흥미롭게도 독일에서는 오직 베를린과 뮌헨만 전략적 도시로 꼽고 있는데 최근 프랑크푸르트에 대한 신규 투자를 감행해 눈길을 끌고 있다. 브렉시트 이후 값비싼 런던의 노동력이 대거 프랑크푸르트로 유입된 후에도 과연 프랑크푸르트가 다음 연차 보고서에서 전략적 도시로 언급될 수 있을 것인지 귀추가 주목된다.

노르웨이 오일펀드는 부동산 투자를 할 때 각 건물의 지분을 소유하고 있는 현지 파트너와 손을 잡는 경우가 많다. 오일펀드는 자금이 풍부하긴 하지만, 매수금 중 일부는 융자를 낀 것들도 있다. 그렇다고 해도 대출 비중은 전체 부동산 포트폴리오의 7.7%밖에 되지 않는다. 다른 상용 또는 개인 부동산 매입 때보다 당연히 훨씬 적은 비율이다.

비용을 절약해 수익률을 높인다: 외부 컨설턴트들의 비용

노르웨이 오일펀드의 외부 컨설턴트들이 불러일으킨 문제들은 이미 이슈화됐다. 2008년도 연차보고서에 따르면, 금융 위기 전에 수많은 불량 미국 채권을 사들인 게 바로 이들이었다. 그럼에도 불구하고, 노르웨이 오일펀드는 역량도 충분하지 않은 이들 외부 컨설턴트들에 의존했다. 그리고 거기엔 당연히 돈이 들어갔다. 2016년 외부 수임자들에 지불된 수수료는 노르웨이 오일펀드의 총 비용 지출 가운데 20%가 넘었다.

10년 전 노르웨이 오일펀드의 비용 지출은 펀드 규모에 비해 지금보다 약 두 배나 많았고, 2009년에는 거의 세 배에 달했다. 2016년 연차보고서에 따르면, 이 돈은 거의 다 외부 컨설턴트들에게 들어간 비용이었다. 그러면서 이 비용이 성과에 기반한 보상, 즉 성공 보수였다고 언급돼 있는데, 당시 폭락장이었던 시기에 과연 '성과'라는 게 존재할 수 있었는지에 대한 의문이 제기되는 게 당연하다. 외부 자문역들에게 지불된 비용은 당시 내부 관리자들에게 지불된 것보다 훨씬 더 많았다. 물론 지금은 그렇지 않다. 그럼에도 불구하고 외부 컨설팅 업체들은 아직까지도 그들이 관리하고 있는 자금 규모에 비추어 볼 때 노르웨이 오일펀드 내부 관리자들보다 훨씬 높은 비용을 받고 있다. 물론 노르웨이 오일펀드가 계속해서 내부 관리에 집중함으로써 발생 비용이 현저히 줄어든 것만은 분명하다. 2016년 기준, 지출 비용이 차지하는 비율은 펀드 전체 규모의 0.05%밖에 되지 않는다.

노르웨이 오일펀드의 경험을 통해, 다음과 같은 두 가지 중요한 핵심사항을 도출해낼 수 있다.

1. 외부 재무관리자가 투입되는 경우, 거기에서 돈을 버는 사람은 딱 한 사람뿐이다. 바로 외부인!
2. 자기 자신의 자금 투자 상황을 관리하는 것은 비용만 낮춰주는 것이 아니라, 전체적인 조망을 좀 더 쉽게 해주고 이로써 제대로 통제할 수 있게 해준다.

노르웨이 금융공식의 마지막 구성요소는 바로 **'저렴한 비용'**이다.

노르웨이 오일펀드가 따르고 있는 투자 공식이자 개인 투자자들에게도 유효한 5가지 규칙은 다음과 같다.

1. 계속해서 수동적으로, 지수에 가깝게 투자한다. 포트폴리오 구성을 너무 자주 변동시키면 장기적인 수익률 향상에 해가 된다.

2. 위험을 줄이고 포트폴리오를 최적화하기 위해 자산등급 내에서 자금을 폭넓게 분산 투자한다.

3. 신흥공업국들의 주식 비중을 의식적으로 높인다. 이를 통해 신흥공업국에 잠재된 가능성을 이용할 수 있고, 선진국 주식과의 낮은 상관관계로부터 이익을 볼 수도 있다.

4. 이른바 소형주라고 불리는 소규모 기업들의 주식도 경우에 따라서는 비교적 큰 역할을 한다. 이들 주식은 대기업과 다르게 변동하고 또 기대수익률도 더 높기 때문이다.

5. 엄격한 비용 관리를 통해서도 수익률이 높아질 수 있다.

4.

노르웨이
투자공식

노르웨이는 풍부한 석유 때문에 늘 특별한 경우라고 언급된다. 그리고 그저 운이 좋았다고들 이야기한다. 그러나 노르웨이보다 가난한 국가나 그저 자산을 불리려는 개인들도 노르웨이처럼 미래를 내다보며 행동할 수 있다. 물론 개인은 국가가 아니고, 민간 투자자는 수십억을 가진 오일펀드가 아니다. 그럼에도 불구하고 노르웨이와 일반 개인 투자자들은, 둘 다 체계적으로 자산을 증식하기 위해 정기적으로 돈을 투자한다는 점에서 서로 비슷하다. 노르웨이 오일펀드는 먼 미래에도 건실한 재정 상태를 유지하기 위해서 장기적으로 그리고 다양하게 분산 투자를 실시하고 있다. 이와 동시에 노르웨이는 예측 불가능한 것들에 대한 대비책도 마련해놓고 있다. 많은 개인 투자자들이 원하는 것이 바로 이것이다. 노르웨이의 투자공식을 이용해, 우리는 세계 최대의 펀드 중 하나로 꼽히는 이 펀드가 어떻게 움직이는지 배울 수 있다.

우리는 모두 조금은 노르웨이를 닮았다

어쩌면 당신은 노르웨이 모델이 당신에게도 과연 유용할지 의혹을

품고 있을지도 모르겠다. 어쨌든 이 모델은 개인이 아니라 한 국가와 관련된 것이고, 또 노르웨이에는 막대한 양의 자원 보유라는 운이 따른 것도 사실이다. 그러나 이 두 가지 주장은 궁극적으로 유효한 반론이 아니다. 노르웨이의 투자공식은 거의 모든 개인 투자자들에게도 적합한 것이기 때문이다. 펀드를 시작할 때의 상황에서 보자면 노르웨이는 가령 독일(독일은 현재 재정 흑자 상태이긴 하지만 엄청난 부채를 안고 있고 따라서 돈을 기껏해야 단기적으로밖에 투자할 수가 없다)이나 워렌 버핏(워렌 버핏은 지금도 이미 엄청난 부자이고, 틈틈이 투자를 한다기보다는 직업상 투자를 할 뿐이다)보다 훨씬 더 당신과 유사하다. 따라서 당신이 투자의 본보기로 삼을 수 있는 또 다른 나라나 또 다른 사람을 꼽기에 둘은 별로 적절하지가 않다.

당신은 당신이 생각하고 있는 것보다 노르웨이와 훨씬 더 유사하다. 당신의 앞마당에서 석유가 뿜어져 나오는 건 아니지만, 노르웨이에 블랙 골드, 석유가 있다면, 당신에겐 이와 다른 것이 있다. 당신의 노동력, 즉 경제학자들이 인적 자본이라고 부르는 바로 그것이다. 노르웨이는 석유가 풍부하고, 당신에게는 재능이 있다. 이것으로 당신은 최고의 것을 만들어낼 수 있다. 남들을 위해 뭔가를 처리해주는 대가로 보수를 받아내는 능력, 이것이 당신의 개인적인 자원이며, 이 자원은 당신이 살아가는 동안 평생 마르지 않는다. 당신이 교수이든, 음악가이든, 아니면 배관공이든, 그건 하나도 중요하지 않다. 노르웨이가 석유로 돈을 벌고 있듯이, 당신에게 직업이 있고 그것으로 돈을 번다는 것, 그것이 중요하다. 이 수입으로 당신만의 미래펀드에 투자하면 된다.

당신이 노르웨이와 어떤 점에서 비슷한지 좀 더 명확하게 이해하기 위해 몇 가지 질문에 답해보라. 여기에선 당신이 자금 투자를 구체적으로 어떻게 해나갈지가 중요한 것이 아니라, 당신이 그걸로 무엇을 하려고 하는지, 당신에게 어떠한 가능성이 있는지가 중요하다.

1. 훗날 인생을 좀 더 편안하게 보내기 위해, 다가올 미래에 돈을 조금이라도 더 보유하고 싶은가?

2. 다음 휴가를 위해 저축하는 것 말고, 좀 더 장기적인 자산 증식까지 원하고 있는가?

3. 마지막 남은 한 푼까지 곧바로 써버리는 대신, 약간의 돈을 따로 챙겨둘 준비가 돼 있는가?

4. 어떤 달에는 조금 더 많이 투자하고 또 어떤 달에는 조금 적게 투자할 수 있는가? 그리고 경우에 따라서는 저축해둔 돈에서 조금 빼 쓸 수도 있는가? 즉, 절약이라는 것에 대해서 유연성을 발휘할 수 있는가?

5. 당신의 자금 투자와 노후 보장에 대해서 지겹도록 고민해봤고, 이제는 좀 방향 설정 정도만 해놓고 그 시간을 당신의 일과 여가, 친구, 그리고 가족을 위해 쓰길 원하는가?

6. 만족스러운 수익률을 거두는 것 이상으로 윤리적인 투자까지도 원하는가?

위 질문에 '예'라고 답한 항목이 많을수록, 당신은 노르웨이의 정치인들과 펀드 매니저처럼 생각하고 있는 것이다. 즉, 투자 목표와 사고에 있어서 그만큼 더 '노르웨이적'이라는 것이다. 많은 부분에서 노르웨이 오일펀드의 전략을 본보기로 삼는다면 정말로 좋은 선택이라고 하겠다.

> 당신이 주로 '아니오'라고 대답했다 하더라도, 노르웨이의 투자공식에서 여전히 많은 것을 배울 수가 있다. 당신이 아직은 노르웨이의 전략을 적용할 준비가 돼 있지 않은 걸 수도 있지만, 이 전략을 좀 더 이해하고 나면 투자를 시작하려는 생각이 들 수도 있다. 그럴 경우, 반드시 그 생각에 따르라. 일찍 시작할수록 더욱 좋다.

노르웨이식 투자의 기본 규칙

당신이 원하는 재정적 소망이 과연 어떤 것인지와 상관없이, 대부분의 경우 노르웨이의 투자공식에서 답을 찾을 수 있다. 하지만 당신이 약간의 자금 투자로 몇 개월 또는 몇 년 안에 백만장자가 되길 원한다면, 안타깝게도 난 당신에게 실망을 안겨줄 수밖에 없다. 이런 건 금융시장에서 오직 우연히 달성할 수 있을 뿐, 전략으로는 불가능한 것이기 때문이다.

하지만 당신이 그렇게 빨리 돈을 불린다는 건 그저 꿈일 뿐이라고 주식으로 자산을 늘린다는 것이 말처럼 쉽지 않으며, 오직 탄탄한 전략에 기반해 장기적으로 움직일 때에만 돈을 벌 수 있다고 믿고 있다면, 노르웨이 오일펀드야말로 올바른 모델이 되어줄 것이다. 노르웨이 투자공식은 앞서 당신에게 던진 질문들이 목표로 했던 다음의 지침들을 지향하고 있다.

절약

노후 대비이든 다른 장기적인 소망 때문이든, 당신의 미래를 위해 돈을 다른 어딘가에 넣어둘 준비가 돼 있다면, 이는 노르웨이 오일펀드가 지향하는 바와 흡사하다. 노르웨이 오일펀드는 궁극적으로는 석유 사업에서 나오는 수입을 즉각 탕진해버리지 않도록 고안된 것이다. 만약 노르웨이 정부가 거대한 경기장을 짓는다든지, 전국 곳곳에 새로운 왕궁을 건설한다든지, 이와 비슷한 뭔가를 위해 재정 지원을 해주려 했다면 석유로 벌어들인 이 가외 수입은 벌써 다 소진되었을 것이다. 그러나 노르웨이 정부는 이 돈을 여기저기에 막 뿌리려는 생각이 처음부터 없었다. 궁극적으로는 노르웨이 경제를 망치게 될 단기 투자 대신에 '노르웨이적으로', 즉 합리적이고 장기적인 방식으로 투자했으며, 지금도 그 흐름을 이어가고 있다.

물론 노르웨이 정부는 펀드 자산의 일부를 현 예산에 사용할 수 있다.

하지만 오일펀드에서 정부 예산으로 받을 수 있는 연간 최대 액수를 2001년, 펀드 규모의 4%로 제한했다. 2017년에는 그 수치가 3%로 더 낮아졌다.

투자 기간

노르웨이 오일펀드 홈페이지에 따르면, "이 펀드의 목적은 석유 자산에 대한 국가의 장기적인 관리를 지원하는 것이다." 풀이하자면, 이 펀드를 통해 국가 및 모든 국민이 장기적으로 뭔가 혜택을 볼 수 있도록 석유 사업에서 나오는 돈이 투자돼야 한다는 의미다. 그러나 앞서 언급했듯이, 처음에는(1996년) 장기적이면서도 위험을 감수하는 투자가 이뤄지지 않았다. 하지만 투자를 한다는 것은, 더 많은 수익으로 보상받기 위해 기꺼이 위험을 감수해야 한다는 뜻이기도 하다.

어느덧 오일펀드는 장기적인 투자 모델에 완전히 적응했다. 이는 명칭에서도 드러난다. 오일펀드는 10년 전에 이미 '노르웨이 정부연기금'으로 이름이 바뀌었다. 이름에서 벌써 투자 기간이 길다는 것을 알 수 있다. 그렇다고 해서 오일펀드가 노르웨이 국민들의 연금을 의무적으로 책임져야 한다는 것은 아니다. 그저 펀드 자금이 연금 예산에 대한 일반적인 지원금으로 사용될 수 있음을 의미할 뿐이다.

오늘날과 같은 저금리 또는 제로금리 시대에는 단기 저축이라 할지라도 노르웨이 오일펀드의 전략을 지향해야만 한다. 가령

5~10년 내에 새 자동차를 구입하기 위해 돈을 모으는 경우에도 조금만 더 미래를 내다보고 계획을 세우면 유연하게 투자 계획을 구성할 수 있기 때문이다. 조금 더 위험한 투자를 할 수도 있고, 자금의 일부를 주식에 투자할 수도 있다. 수익률이 예상대로 잘 나오지 않을 경우, 일부 옵션을 포기한다거나 조금 가격이 낮은 다른 모델을 구입할 수도 있다고 마음의 준비를 한다면 말이다. 반대로 수익률이 높게 나올 경우에는 당신의 특별한 소원을 이룰 수도 있다. 남은 돈으로 멋진 휴가까지 보낼지도 모르는 일이다.

물론 이 잉여 자금을 다시 당신의 미래펀드에 추가로 투자한다면, 이것이야말로 노르웨이적인 전략이 될 것이다. 미래를 내다보고 빨라도 15년 후, 아니면 아예 수십 년 후, 예를 들어 정년퇴직한 후에야 비로소 그때까지 성실하게 축적돼 있는 자산을 서서히 사용하기 시작할 생각이라면, 그거야말로 노르웨이적인 자산 증식 계획이라 하겠다.

투자금액

'투자란 부자들이 하는 것'이라는 생각은 편견에 지나지 않는다. 한마디로 말도 안 되는 소리다. 왜냐하면 매월 적은 돈으로도 장기적으로 엄청난 금액을 달성할 수 있기 때문이다. 노르웨이 오일펀드의 연평균 수익률 6%를 기준으로 매월 30유로를 투자할 경우, 인플레이션율에 맞춰 저축률을 조정한다고 하면, 20년 후에는 16,000유로가 된다. 매월 30유로씩(하루에 1유로밖에 안 되는 금액이다),

아니 그 절반의 금액이라도 좋다. 그 정도만으로도 몇 년이 지났을 때 당신이 오랫동안 꿈꿔왔던 소망을 충족시키기에는 충분하다.

노르웨이 정부는 규율과 일관성을 가지고 있다. 노르웨이 정부는 일단 지속적으로 석유 사업에서 발생하는 모든 국가 수입을 오일펀드에 넣는다. 이렇게 모아진 돈은 다시 투자되고, 장기적으로 노르웨이 국민에게 그 혜택이 돌아간다. 당신도 이와 유사하게 장기적인 관점에서 미래펀드에 정기적으로 돈을 불입해야 한다. 하지만 정말로 매우 힘든 시기에는, 예를 들어 어떠한 이유로 인해 잔고가 거의 바닥이 난 경우에는 불입을 중단할 수도 있다. 물론 이건 정말로 예외적인 경우여야 한다. 불입 중단은 오직 당신의 잔고 상태로 인한 결정이어야 하며 시장이 혼란스럽다든가 하는 이유로 그렇게 해서는 안 된다는 얘기다. 만약 당신 수중에 생각했던 것보다 더 많은 돈이 남아 있다면, 정기 불입액을 상향 조정하는 것도 고려해야 할 것이다.

예측가능성

장기적인 계획을 수립할 때는 예기치 못한 상황들도 염두에 둬야만 한다. 결혼, 새로운 식구의 탄생, 실직, 혹은 질병이 당신의 재무 설계 계획을 완전히 뒤엎어버릴 수 있다. 이로 인해 갑자기 더 많은 돈이 필요해진다고 하더라도, 중요한 것은 당신의 투자 계획이 완전히 무로 돌아가서는 안된다는 것이다. 노르웨이 오일펀드식 투자는 생명보험이나 다른 경직된 금융상품보다 유동적이어서 그만큼 처분도 더 용이하다. 미래펀드를 위해 자금을 모으다가도 비상시에는 일시적으로 중단할 수도 있고, 불입액도 줄일 수 있기 때문이다. 필요하다면, 중간에 자금을 인출하는 것도 가능하다.

아무도 미래가 어떻게 될지 모른다. 그렇기 때문에 유연성은 매우 중요하다. 노르웨이 오일펀드는 특별세를 포함해 석유에서 발생하는 모든 수입이 불입 및 투자되도록 설계됐다. 이미 언급된 바와 같이, 노르웨이 정부는 규정에 따라 제한적으로나마 정부 예산의 일부를 이 펀드로부터 조달받을 수 있게 했는데, 현재는 연간 펀드 자산의 최대 3%까지 인출이 제한돼 있다. 이는 국가의 가장 중요한 부문에서 발생하는 수입의 일부로 해당 연도의 정부 지출을 지원해준다는 점에서 의미가 있다. 그렇지 않을 경우, 정부가 국민을 너무 많이 괴롭히게 될 것이기 때문이다. 소득세와 부가가치세 같은 전통적인 세수만으로는 부족하기 마련이다.

2016년 이전까지 노르웨이 오일펀드에서 빠져나간 금액은 같은 해 펀드로 유입된 금액을 넘은 적이 없다. 2016년 노르웨이 정부는 처음으로 석유로 벌어들인 돈보다 더 많은 돈을 지출했다. 그러나 오일펀드는 계속해서 훌륭한 성장세를 보였고 덕분에 큰 지출에도 불구하고 더욱 몸집을 불릴 수 있었다. 따라서 펀드로 유입되는 돈보다 더 많은 돈이 펀드에서 빠져나간다는 이유만으로 노르웨이가 잘못하고 있다고 말하는 건 아무런 근거 없는 이야기다. 오히려 그 반대다. 노르웨이가 선견지명을 가지고 매우 현명하게 행동하고 있다고 자신 있게 말할 수 있다.

투자 편의

엄청나게 많은 숫자들이 나열되어 있는 액셀 표와 연차보고서를 끊임없이 들여다보면서 골머리를 앓는 걸 좋아할 사람은 아무도 없다. 노르웨이의 투자공식은 이렇듯 골치 아픈 일을 피하는 데 도움이 된다. 처음 몇 시간만 투자해서 기본적인 결정을 내리고, 상품을 선택해 매수하고, 그런 다음 가끔씩 다시 조정하기만 하면 된다. 혹시 투자에 좀 더 적극적으로 참여하길 원하는 사람이라고 해도 노르웨이 오일펀드의 방식이 완전히 잘못된 선택은 아니며, 투자 고려사항을 놓고 좀 더 깊이 고민해볼 수도 있다.

노르웨이 오일펀드, 더 정확히 말해 NBIM, 즉 노르웨이 중앙은행의 투자부서는 현재 500명 이상의 직원을 고용하고 있으며, 정치인들과 시민들이 그 돈을 어떻게 운용할지 고민할 필요가 없도록 부지런하고 성실한 외부 컨설턴트들에게 많은 업무를 위임하고 있다. 당신이 이들의 투자 전략을 모방함으로써 심적으로 편안해짐과 동시에 자금도 늘어나기를 바란다.

가치

자본주의는 늘 많은 악의 근원으로 여겨지곤 한다. 이러한 비난들 중에는 상당한 근거가 있는 것들도 꽤 많다. 하지만 다른 그 어떤 경제 시스템도 개인의 가치에 그다지 신경 써주지 않는다는 것도 기억해야 한다. 그저 비난만 하면서 정부가 무언가를 해주기를 기다리는 대신 직접 책임을 지고 때로는 포기할 줄도 아는 준비를 갖추고 있어야만 한다. 소비자로서 당신은 환경에 해악을 끼치거나 비윤리적인 방식으로 만들어진 제품은 구매를 꺼릴 것이다. 구매자가 없으면 매출도 발생하지 않는다. 수요가 없으면 공급은 자연히 끊긴다. 제조기업들이 장기적인 안목을 가져야 하는 이유다.

개인 투자자인 당신에게도 유사한 가치가 적용된다. 사업 관행이 당신과 맞지 않는 기업이나 부문에는 당신의 돈을 투자하지 말라. 당신에겐 선택의 자유가 있다. 게다가 당신은 주주총회에서 직접 의견을 개진하거나 주요 단체의 입을 빌려 비판을 하는 등 의결권과 발언권을 행사할 수도 있다. 당신과 같은 투자자들로부터 비판을 받으며 더 이상 투자를 받지 못하게 된 기업들은 결국 모든 투자자를 잃게 될 것이다.

노르웨이 오일펀드는 엄격한 윤리 지침에 따라 투자한다. 블랙리스트에 오른 기업, 이를테면 아동 노동으로 이익을 취한다든가 집속탄 생산으로 돈을 버는 기업에게는 (더 이상) 투자해서는 안 된다. 노르웨이 오일펀드는 석탄을 기반으로 대규모 사업을 벌이는 곳에도 투자하려 하지 않는다. 한편, 2017년 11월, 앞으로는 석유 관련 주도 제외해야 한다는 제안이 나온 것은 생태학적 이유에서라기보다는 투자 위험을 줄이기 위한 것으로 해석된다.

노르웨이 투자공식을 바탕으로 한 투자의 8가지 법칙

노르웨이 오일펀드의 주요 지침이 개인 투자자인 당신에게 어떻게 적합한지 구체적으로 알게 됐으니, 이제 모든 것을 종합해볼 차례다. 앞에서 언급한 주요 지침, 노르웨이 투자공식의 구성 요소들, 그리고 오일펀드의 정책 및 투자 관리자들의 구체적인 행동에 관한 규정을 통해 다음과 같은 8가지 법칙을 이끌어 낼 수 있다.

1. 당신의 미래펀드를 투명하게 유지하고 불입액이나 가치 변동에 대한 계획을 처음부터 수립하라.
2. 당신의 모든 자산을 고려해 당신에게 적합한 리스크를 철저히 평가하고 그에 따라 적절하게 자산등급 믹스를 실시하도록 하라.
3. 지역, 회사 규모 및 대상 국가의 개발 상태에 따라 당신의 자산을 다각화하라.
4. 광범위한 자산 분산을 통해 변동성을 최소화하고 위험과 기회를 최적으로 조합하기 위해 적절한 지수를 기반으로 한 적당한 가중치를 두도록 하라.
5. '점프 앤드 런(jump and run)' 대신 '바이 앤드 홀드(buy and

hold)' 원칙에 따라, 마치 기회인 것처럼 보이는 단기적 가능성을 이용하는 대신 시장의 움직임대로 따르면서 수동적인 자세를 취하라.

6. 시장이 아닌 자신의 경제 상황에 따라 일정한 금액을 지속적으로 투자하라.

7. 이른바 전문가라고 하는 사람들에게 적극적으로 펀드 매수를 의뢰하는 대신, 되도록 당신이 직접 생각해서, 간단하고 저렴한 상품을 매수하도록 하라.

8. 자금 투자에 대한 윤리적인 요구사항들을 실천하도록 노력하라.

5.

이제 시작이다 -
구체적인 투자 결정

드디어 여기까지 왔다. 이제 노르웨이 투자공식을 구체적으로 이행하는 방법에 대해 알아볼 차례다. 당신은 어느덧 노르웨이 오일펀드가 어떤 기준에 따라 지속적으로 투자하는지, 그리고 위험을 관리하기 위해 어떻게 노력하고 있는지 알게 됐다. 당신은 또 노르웨이가 투자한 많은 증권들, 자산등급의 믹스, 그리고 노르웨이 투자 전략의 지침까지도 알고 있다. 이제는 다음에 나오는 단계별 지침을 통해 당신의 미래 자산을 위한 기반을 마련할 때가 됐다. 당장 내일모레를 위해 저축하는 것이 아니라 장기적으로 투자해야 한다는 점을 숙지하고 있는 한, 당신이 노르웨이식으로 구성한 포트폴리오는 '미래펀드'로 불릴 것이다.

미래펀드를 구축하기 위한 기본 전략과 예산

노르웨이 오일펀드에서는 돈의 규모를 묻지 않는다. 왜냐하면 액수는 '상관없기' 때문이다. 석유 사업에서 나오는 정부의 모든 수입은 이 펀드로 흘러 들어간다. 그리고 그 금액은 해마다 다르다. 그러나 개인 투자자인 당신은 세부사항을 정하기 전에, 즉 당신의 자산등급 믹스를 확정하고 증권을 선택하기 전에, 과연 매달 얼마씩 투자할 것이며 또 투자 기간이 얼마나 될 것인지를 반드시 생각해 봐야만 한다. 다음과 같은 질문들에 대해 대답해보라.

- 당신은 정기적으로 얼마나 많은 돈을 투자할 수 있는가?
- 당신은 왜 투자하려고 하는가?
- 얼마나 오래 투자할 생각이며 또 실제로 얼마나 오래 할 수 있는가?
- 기간이 만료된 후 매월 정확히 얼마를 쓸 수 있기를 원하는가? 혹은 몇 년 안에 얼마만큼의 금액이 형성되기를 원하는가?

저축률

만약 당신이 거의 항상 연말 보너스를 받지만 생계를 위해 이 돈을 지출할 필요가 없는 운 좋은 사람에 속한다면, 노르웨이 오일펀드가 하는 것처럼 똑같이 당신의 미래펀드에 넣어둘 수 있을 것이다. 그렇지 않은 다른 모든 사람들은 현재의 수입에서 일부를 할당해야 할 것이다. 따라서 당신이 한 달에 얼마나 많은 여윳돈이 있는지, 즉 당신의 저축률이 얼마나 될 수 있는지 생각해보라. 물론, 1년에 한 번씩 불입하는 것도 가능하다. 하지만 보통 매월 자금상황을 파악하는 것이 더 쉽고, 또 한 번에 더 많은 돈을 지불하는 것보다 12번으로 나눠서 좀 더 적은 금액을 넣는 것이 더 쉽다.

만약 당신의 가정을 위해 (아직) 월 예산을 마련하지 않는 경우라면 아마도 이 질문에 대답하기가 쉽지 않겠지만, 그래도 그에 대한 대충의 감은 있을 것이다. 대충 출발점으로 잡기엔 그걸로도 충분하다. 추산 금액을 메모하고 계속 읽어보라. 만약 당신이 가계부를 쓰고 있거나 정해진 예산이 있다면, 월말에 평균적으로 얼마나 남는지를 정확히 알 수 있다. 그리고 혹시 쓸데없는 지출을 한 것이 없는지, 그래서 어디에 더 저축할 수 있을지도 파악할 수 있을 것이다.

중요한 건, 미래를 위해 저축하느라고 지금 이 순간의 생활을 너무 많이 포기해서는 안 된다는 것이다. 노르웨이도 그렇게 하지 않는다. 다만, 조금 더 의식적인 소비 생활을 하면서 돈을 절약하는 것이 얼마나 쉬운지를 곰곰이 생각해볼 필요는 있다. 가령 주말에 나른한 햇살 아래에서 커피나 맥주를 마시는 걸 생각해보라. 정말로 멋진 일이긴 하다. 포기하기 어려울 수도 있다. 하지만 기꺼이 포기할 수 있는 지출 항목도 분명히 있다. 정확히 그게 뭔지는 개인마다 차이가 있다. 당신의 불필요한 지출 목록이 무엇인지 작성해보라. 당신의 미래펀드를 위한 투자 자금으로 100유로는 너끈히 마련할 수 있을 것이다. 독일 분데스방크에 따르면, 독일 가정들은 지난 20년 동안 가용 소득의 평균 9%를 저축했다. 만약 당신도 이러한 저축 집단에 속한다면, 매월 300유로 이상을 저축할 수 있을 것이다. 어쩌면 초기 자본금으로 이용할 수 있는 금액을 이미 상당히 갖고 있을 수도 있다. 만약 그런 경우라면, 이 돈을 그냥 노르웨이 방식으로 투자해보기 바란다. 처음에 큰돈을 넣어두는 방법 말이다. 초기 자본금을 이용해 월 불입액을 처음부터 아예 높게 책정하는 방법도 있다.

목표액과 투자 기간

목표액이 정확히 얼마인지는 중요하지 않다. 이보다 더 중요한 것은 미래에 어떤 일이 일어날 것인가 하는 것이다. 이를테면 한 번에 목돈이 필요하게 될 일이 생길지, 씀씀이가 점차 증가할 것인지 감소할 것인지, 최종 금액이 변동해도 괜찮은지 아닌지 등 말이다. 노르웨이 투자공식을 적용하려면 투자 기간이 10~15년은 돼야 한다. 게다가 얼마나 많은 돈을 다루게 될 것인지도 중요하다. 자, 당신의 소원을 실현하는 데 얼마가 필요한가? 1만 유로? 10만 유로? 아니면 50만 유로?

그다음으로 떠올려봐야 하는 질문은 이것이다. 만기가 될 무렵, 돈이 얼마나 안전하게 축적되어 있어야 하는가? 누구나 어떤 꿈을 가지고 있지만, 그 꿈이 모두 이루어지지 않더라도 세상이 무너지지 않을 것이라는 것 또한 우리는 알고 있다. 60세가 되면 요트를 한 척 살 생각으로 30만 유로를 목표로 삼고 있지만 그게 안 되면 10만 유로가 좀 안 되는 작은 중고 보트를 사는 것도 괜찮은 사람이라면, 나중에 하루하루 지출을 위해 반드시 16만 유로가 있어야 하는 사람보다는 더 큰 위험을 감수할 수 있다.

투자율과 총액의 상관관계

월(또는 연) 투자율과 총액은 당연히 상관관계가 있다. 정기적으로 더 많은 돈을 챙겨둘수록 미래에 더 많은 자금을 갖게 되고, 더 많은 돈을 챙겨둬야만 더 많이 투자할 수 있다. 여기까지는 지극히 논리적인 이야기다. 그런데 이 논리적인 이야기만큼 중요한 것이 또 있다. 그것은 바로 수익률이다.

〈표 9〉에서 예를 들어보자. 당신이 20년 이상 불입해 오늘날 시세로 100,000유로에 상응하는 금액을 모으려고 하고(여기엔 인플레이션율도 고려됐다. 따라서 실제 명목 금액은 이보다 더 높다) 연간 실질수익률이 4.5%라고 가정한다면, 당신이 실제로 매월 투자해야 하는 금액은 260유로가 된다. 만약 투자 목표가 달성될 때까지 10년을 더 기다릴 수 있다고 한다면, 매월 그 반액 정도만 넣으면 된다. 즉, 30년간 매월 133유로를 모으면 100,000유로가 된다는 뜻이다.

〈표 9〉 저축 목표, 투자 기간 및 수익률 – 상호 밀접한 상관관계 형성

목표액(유로)		10,000	50,000	100,000	150,000	300,000	500,000
연간 실질수익률	투자기간	월 불입액(유로)					
4.5%	10년	66	330	660	990	1,990	3,310
4.5%	20년	26	130	260	390	780	1,300
4.5%	30년	13	67	133	200	400	670

노르웨이 오일펀드를 역사적으로 살펴보면, 평균 총 수익률 6%라는 이야기가 항상 나온다. 이 책에서 미래의 기대수익률을 이야기할 때는 실질수익률, 즉 인플레이션율을 제한 이후의 수익률을 의미하는 것이다. 다시 말해, 최종 결과에서 총액 100,000유로가 발생한다고 하면, 이는 현재의 100,000유로에 상응하는 가치를 지닌 금액을 의미한다. 그러니까 이 돈으로 오늘날 100,000유로로 살 수 있는 것과 똑같이 살 수 있다는 뜻이다. 흔히 이 금액은 현재의 구매력으로 표시돼 있다고 일컬어진다. 미래를 이야기할 때에는, 총 수익률로 이야기하는 것보다 이게 더 의미가 있다. 궁극적으로 당신은 개인 투자자로서 적절한 소원들을 성취하는 데 오늘날 얼마가 필요한지를 염두에 두고서 미래에 얼마나 많은 돈을 수중에 지니고 싶은지에 대해 고민하는 것이기 때문이다.

당신의 목표액을 예상 인플레이션 2%에 맞춰 조정하도록 하라. 텍스트와 표가 실질수익률을 토대로 계산돼 있다면, 이러한 조정 장치가 자동적으로 포함돼 있는 것이다. 월급이 적어도 이 정도 인상되는 한, 매월 투자금액이 조금 증가한다고 해서 괴로울 일은 없을 것이다.

표에서는 노르웨이 오일펀드의 과거 수익률 대신, 주식 비중 70% 상태에서의 실질기대수익률이 적용돼 있다. 이러한 주식 비율은 노르웨이 오일펀드가 현재 목표로 하고 있는 수치이기 때문에, 앞으로도 계속 유지될 것이다. 미래의 기대수익률은 이 비율 및 그에 따른 위험 감수도에 따라 달라진다. 노르웨이 오일펀드는 시간이 흐르면서 위험 감수도가 변화해 왔다. 당연히 그럴 수 있다. 이 책을 다 읽고 나면 아마도 당신은 자신의 위험 감수도를 정확히 파악할 수 있게 될 것이고, 이로써 앞으로 상당 기간 동안 계속해서 유지할 수 있는 리스크 프로필을 결정하게 될 것이다. 즉, 당신에게 맞는 적절한 주식 비율을 처음부터 선택하게 될 것이고, 이로써 이에 상응하는 평균 기대수익률도 나오게 될 것이다.

미래라는 건 원래 예측 불가능하다. 따라서 미래 수익은 추산치일 수밖에 없다. 계산 예시에서는 연간 4.5%의 실질수익률을 적용하고 있다. 물론 이 수치는 어떻게 가정하느냐에 따라 크게 차이 날 수도 있다. 이 책에서는 노르웨이 중앙은행, ETF 제공업체 뱅가드, 그리고 투자 컨설턴트 게르트 콤머(Gerd Kommer) 등 다수의 추산치를 평균한 값을 토대로 하고 있다. 이렇게 하면 위아래의 편차에서 비롯되는 위험을 줄일 수가 있다. 어쨌든 분명한 건, 그럼에도 불구하고 확실한 보장이라는 건 없다는 사실이다.

초기 자본금이 투자율에 미치는 영향

〈표 10〉은 당신이 이미 초기 자본금을 조금 갖고 있는 경우의 계산 사례를 보여주고 있다. 여기에선 당신의 목표를 달성하기 위한 월 불입액이 조금 더 적어도 된다. 아니면 아예 저축 목표를 조금 더 높게 설정할 수도 있다. 목표 금액이 100,000유로라고 하면, 초기 자본금이 25,000유로일 때에는 월 105유로씩만 해도 20년이면 달성 가능하다(초기 자본금이 없는 경우에는 월 260유로씩 불입해야 한다). 어떤 경우에는 초기 자본금이 있는 것만으로도 충분해서, 매월 저축

〈표 10〉 약간의 초기 자본금이 있는 경우의 투자 예시

목표액(유로)		10,000	50,000	100,000	150,000	300,000	500,000
초기 자본금(유로)		1,000	10,000	25,000	35,000	50,000	150,000
연간 실질수익률	**투자기간**	월 불입액(유로)					
4.5%	10년	55	230	405	630	1,470	1,770
4.5%	20년	20	67	105	170	465	360
4.5%	30년	8	17	8	25	150	(82)

실질수익률 4.5% 조건으로 20년 만에 현재 구매력 100,000유로에 상응하는 금액을 저축하고 싶다고 해보자. 당신에게 초기 자본금 25,000유로가 있다면, 매달 105유로씩 투자하면 된다. 그런데 만약 10년이라는 시간이 더 있다면, 매달 8유로로도 충분하다. 이제 목표 금액이 500,000유로이고 초기 자본금 150,000유로로 시작한다고 가정하면, 30년 동안 매달 82유로씩 꺼내어 쓰고도 결국에는 당신의 목표를 달성할 수 있다. 하지만 투자 기간이 10년 더 짧다면, 매달 360유로씩 투자해야 한다.

하는 대신에 이론적으로는 매월 몇 유로씩 돈을 꺼내 써도 결국에는 당초 목표액을 달성할 수가 있다. 초기 자본금 150,000유로로 시작해서 30년 후에 500,000유로를 갖길 원한다면, 그때까지 매월 82유로씩 돈을 꺼내 써도 결국엔 500,000유로가 그대로 남는다. 또 당신이 저축해둔 자산을 몇 십 년 후에 한꺼번에 필요로 하지 않고 조금씩 나누어서 써도 괜찮다면, '자금 인출'을 해도 좋다. 그래도 당신의 남은 자본금이 계속해서 일을 하면서 수익을 만들어 낼 테니 말이다.

기대수익률은 항상 추산치일 뿐, 보장될 수 있는 수치는 아니다. 미래펀드의 실질수익률은 그보다 높을 수도, 낮을 수도 있다. 안전한 수익률은 보통 그보다 훨씬 더 낮다. 오늘날 생명보험의 보증 금리는 1% 미만이다. 그것도 인플레이션을 적용하지 않은 기준으로 말이다. 이 수치를 미래펀드의 추산 수익률과 비교해보려면 보증 금리에서 물가상승률을 제해야 하는데, 그러면 아마 마이너스 값이 나올 것이다.

복리의 마법

이제 당신은 분명히 표에 있는 금액이 어떻게 해서 나온 것인지 궁금해 할 것이다. 아주 간단하다. 목표액과 이자를 더하고, 거기에 실질기대수익률을 고려해 복리 효과를 추가하면 된다. 그러니까 이자에 대해 발생하는 이자까지도 포함해서 계산하는 것이다. 이자와 이자의 이자가 미치는 영향은 고정적인 연간 투자를 이용하면 가장 쉽게 이해할 수 있다. 물론 이 연간 투자에 대해서는 연말에 이자가 지급되며, 몇 년 동안 계속해서 이러한 투자가 이어진다. 투자 2년째가 되는 첫날에는 새로운 불입액이 추가되면서 총액이 늘어난다. 그리고 2년 차 마지막에는 '2년 차 투자 총액 + 1년 차 투자 총액 + 1년 차 이자'에 대한 이자가 또 붙는다. 이런 식으로 해마다 계속 진행된다. 구체적인 예를 통해 설명해보겠다.

- 당신은 매년 1,000유로를 투자하기로 결정했다(참고로 이는 월 85유로가 안 되는 금액이다). 여기에서 5%의 수익을 낸다면, 당신은 연말에 1,050유로를 갖게 된다.

- 다음 해 첫날, 당신은 거기에 다시 1,000유로를 투자한다. 그러니까 2년 차에는 2,050유로로 시작하게 되는 것이다. 그리고 12월 31일이면 복리 효과 덕분에 이 금액에 다시 102.5유로(2,050유로의 5%)의 수익이 붙는다. 따라서 이 해의 말이 되면 총액은 2,152.50유로로 불어난다.

- 투자 3년 차에는 여기에 1,000유로가 더해진 3,152.50유로로 시작하게 되고, 여기에 다시 5%의 수익, 즉 157.62유로가 가산된다. 이렇게 하면 3년 차 말의 총 자금은 3,310.12유로다.

이 총액에서 당신이 직접 투자한 금액은 3,000유로이고, 310.12유로는 이자 및 이자의 이자다. 중요한 건, 3년 차에 벌써 첫해보다 3배 이상의 수익을 냈다는 점이다. 이렇게 해서 당신은 수익금이 언젠가 불입한 원금보다 많아질 것이라는 사실을 이해할 수 있을 것이다. 위 사례에서는 투자 15년 차가 되면 그렇게 된다. 하지만 만약 복리 효과가 없다면 그보다 5년은 더 기다려야만 그 금액에 도달할 수 있다.

특수 사례: 자금 인출

모은 돈을 한 번에 사용하지 않고 몇 년에 걸쳐 조금씩 지급받는 경우도 있다. 대표적으로 노후연금이 그렇다. 물론 자녀나 손자가 태어났을 때, 훗날 이들의 대학 학비를 지원해주고 싶어서 저축을 시작하는 경우도 여기에 해당될 수 있다.

이런 경우, 당신이 납입을 중단하고 돈을 조금씩 꺼내 쓰더라도 여전히 커다란 장점이 남아 있다. 당신의 미래펀드 안에 남아 있는 자산이 계속해서 일을 할 수 있기 때문이다. 예를 들어, 당신이 220,000유로를 모았고 이 가운데 20,000유로를 지급받아 썼다고 해도, 남은 200,000유로는 계속해서 수익을 만들어낼 수 있다. 연 5%로 계산하면 무려 10,000유로가 된다. 그래서 연말이면 당신은 다시 210,000유로를 갖게 된다. 이 말은, 당신이 연간 20,000유로를 인출하더라도 저축 총액은 상당히 서서히 감소한다는 뜻이다. 이 경우, 당신이 220,000유로를 다 써버리기까지 11년이 아니라 15년이 소요된다.

이 모델은 특히 나이가 들어감에 따라 일을 조금 줄이기는 하되 완전히 중단하기는 원하지 않는 프리랜서들에게 매우 매력적일 것이다. 당신이 노후에 세전 수입으로 매월 총 4,000유로는 있어야 그럭저럭 생계를 유지할 수 있을 것으로 믿는다고 가정해보자. 그런데 당신은 몇 년간 일종의 시간제 근무를 하면서 세전 기준으로 매월 2,000유로 정도의 일만 할 생각이다. 이 말은, 나머지 2,000유로에 해당하는 금액을 어떤 식으로든 재정적으로 충당해야만 한다는 뜻이다. 어쩌면 이 중 800유로는 노후연금에서 나올 수도 있지만, 그래도 남은 월 1,200유로는 당신의 미래펀드를 통해 해결하기를 원할 것이다. 당신은 이미 25,000유로를 저축해뒀다.

만약 당신이 은퇴하기 30년 전에 투자를 시작하고 25년간 매월 생활비로 1,200유로가 필요하다고 한다면, 당장 지금부터 매월

167유로를 당신의 미래펀드에 불입해야만 할 것이다. 이 펀드의 주식 비중이 70%이고, 실질수익률이 4.5%라고 가정해보자. 이 실질수익률은 30년 후, 당신이 매월 약 2,200유로를 수령할 수 있음을 고려한 것이다. 이 금액은 오늘날 1,200유로에 해당하는 구매력과 동일하다.

가장 좋은 투자 타이밍은 '가능한 빨리'

철저한 준비와 심사숙고는 중요하다. 당연하다. 하지만 너무 오랫동안 망설이고 있어서는 안 된다. 노르웨이 투자공식을 실천하기 위한 완벽한 타이밍이라는 게 이미 존재하고 있기 때문이다. 그건 바로 '가능한 한 빨리(다시 말해 이 책을 다 읽고 난 즉시)'다. 당신의 미래펀드를 시작하기 위해 내년 초까지 기다릴 필요가 없다. 노르웨이인들도 결국 한 해의 중반에 투자를 시작했으니 말이다. 대신 최대 2개월을 잡고, 다음 다음 달의 1일에 시작하도록 하라. 당신이 후회하지 않을 거라고 장담한다. 만약 누군가 "뭐, 좋아. 하지만 주식시장은 이미 너무 많이 상승해서 곧 하락할 걸"이라고 말한다면, 완전히 틀린 말은 아니다. 하지만 이러한 주장은 이미 3년 전에도 있었던 것이다. 당시 주요 지수들은 지금보다도 훨씬 더 낮았지만, 그 전 몇 년 동안은 급격한 상승세를 보였기 때문이다. 그럼에도 불구하고 많은 사람들이 그 시장에 진입하는 것을 두려워했고, 따라서 주가 상승의 많은 부분을 놓쳤다. 언젠가는 틀림없이 다시 한 번 수정되거나 심지어 폭락이 일어날 것이다. 금융 위기 이후에도 몇 년간 모든 주요 시장들이 지속적으로 성장한 것은 아니다. 이러한 상승과 하강은 (유감스럽게도) 시장의 속성이다.

그러나 노르웨이 오일펀드처럼 장기적으로 생각하는 사람은, 모든 위험을 피하려고 하는 대신에 그러한 깊은 충격을 극복하고 훨씬 더 나은 수익을 낼 수 있도록 충분한 시간을 가져야 한다.

리스크를 얼마나 감당할 것인가: 나에게 맞는 자산등급 믹스

도박에서도, 현실 세계에서도 '한곳에 올인'이라는 표현이 있다. 가끔은 정말로 이렇게 해야 할 때가 있다. 그러나 자금 투자에 있어서는 이 말이 해당되지 않는다. 그 대신 다각화, 다른 말로는 위험 분산이라는 말이 적용된다. 당신도 이미 알고 있는 것처럼, 노르웨이 오일펀드는 위험을 최소화하는 데에 상당히 많은 노력을 기울이고 있다. 이런 이유에서 노르웨이 오일펀드는 채권과 주식, 부동산에 분산 투자를 하면서 굉장히 다양한 유가증권을 보유하고 있다.

포트폴리오 이론은 위험한 투자와 안전한 투자를 구별한다. 첫 번째 카테고리에는 보통 주식이, 두 번째에는 채권이 해당된다. 그 비율이 당신의 총 투자 위험을 통제한다. 이를 위해, 선택된 채권은 정말로 안전해야 한다. 즉, 손실 위험이 '0'이어야 한다. 그러나 금융위기는 안전하다고 한 채권들조차도 그렇지 않음을 보여 줬다. 그 결과, 노르웨이 오일펀드는 2008년도 연차보고서에서 채권 부문의 급격한 가치 하락으로 충격을 받았다는 사실을 공표해야 했다. 건전한 국채에는 너무 적게 투자했고, 거의 주식처럼 폭락한 다른 채권들에는 너무 많이 투자한 것이었다. 지금도 노르웨이 오일펀드의 채권 포트폴리오는 기업과 이머징 마켓의 채권에 놀랄 정도로 많이 투자돼 있는 상태다. 둘 모두 주요 선진국들의 채권보다 채무불이행 위험이 더 높다. 거기에다 환율효과까지 있다. NBIM은 이 문제점을 인식했고, 그에 따라 채권 비중의 변화를 제안하고 있다. 앞으로는 소수의 안정적인 통화를 가진 국채에만 투자해야 한다는 것이다. 당신 또한 너무 많은 상품을 보유하지 않도록 하기 위해, 위험 요소는 되도록 주식 쪽으로 몰아놓고 보다 안전한 국채를 보유하는 것이 바람직하다. 만약 NBIM의 최근 제안이 시행된다면, 오일펀드도 채권 구조를 이렇게 정리할 것이다. 그리고 그렇게 되더라도 낮은 금리와 그에 따른 위험, 즉 금리가 인상되고 채권 가격이 떨어질 것이라는 도전은 계속 남아 있다.

일단 부동산은 제쳐두고, 당신이 오직 주식과 채권에만 투자하기를 원한다고 가정해보자. 그러면 당신은 이제 그 혼합 비율을 어떻게 할지 결정하기만 하면 된다. 일반적으로는, 주식 보유량이 높을수록 위험이 더 높지만 그 대신에 장기적으로는 수익도 더 높다. 이것은 당신이 장기적으로 생각할수록 당신 포트폴리오의 주식 비중도 더 높아질 수 있다는 것을 의미한다.

〈표 11〉에는 노르웨이 오일펀드의 과거 투자분석 결과 세 가지와 현재 실시하고 있는 분산 투자 결과가 나와 있다. 이 중 한 가지는 당신에게도 아마 이상적인 자산등급 믹스가 될 수 있을 것이다(부동산은 일단 고려하지 않고 있지만, 노르웨이 오일펀드처럼 낮은 비율로 넣을 수도 있을 것이다). 당신에게 어떠한 분산 투자 방식이 어울리는지 알아보려면, 각 항목의 내용을 좀 더 주의 깊게 살펴봐야 한다. 여기에는 상응하는 체계적인 금액이 인플레이션율을 반영한 미래의

〈표 11〉 자산등급 믹스에 따른 기대수익률

오일펀드의 발전 상태	주식 100%	현재	확대	구축	시작
오일펀드의 투자등급 혼합	단순 비교용 실제로는 일어나지 않을 가능성 높음	2017	2007	1998	1996
주식	100%	70%	60%	40%	0%
채권	0%	30%	40%	60%	100%
장기적인 실질수익률(추산치)	6%	4.5%	4%	3%	1%
초기 투자금 20,000유로 + 20년간 매월 300유로씩 저축한 최종 가치(유로)	201,000	164,000	153,000	134,000	104,000
20년 후 매월 1,000유로씩 찾아 쓸 수 있는 햇수	62	21	18	14	9
초기 투자금 20,000유로 + 30년간 매월 300유로씩 저축한 최종 가치(유로)	409,000	300,000	271,000	223,000	153,000
30년 후 매월 1,000유로씩 찾아 쓸 수 있는 햇수	무한	무한	55	27	14
과거의 최대 실질 누적 손실률(추산치)	60%	40%	35%	25%	1%

주식과 채권의 비율을 제외한 모든 수치들은 가독성을 위해 반올림 처리했음.

실질기대수익률과 함께, 과거의 최대 손실률까지 나와 있다. 후자의 수치는 포트폴리오가 바닥을 찍기 전까지 최대 어느 정도까지 가치를 상실할 수 있는지를 보여주는 것이다. 이 퍼센트 수치를 잘 살펴보고, 당신의 미래펀드가 1~2년 만에 그렇게 폭락한다고 해도 잘 견뎌낼 수 있을지 자문해보기 바란다. 이 두 종류의 수치를 통해 각 주식 비율별로 얼마만큼의 위험과 기회를 예상할 수 있을지 감을 잡을 수 있다.

자산등급 믹스 결정은 당신의 위험 감수도에 달려 있다. 그런데 얼마만큼의 위험을 재정적으로 감당할 수 있거나 감당해야 하는지는, 당신이 심리적으로 얼마나 견뎌낼 수 있을지에 달려 있다.

재정적 위험 감수 - 당신이 감수할 수 있는 위험들

당신의 재정적 능력, 그리고 위험 감수 정도는 결국 미래펀드가 당신의 미래에 얼마나 중요한 역할을 하는지에 달려 있다. 돈이 그렇게 절실하지 않은 사람은 당연히 돈에 목을 매는 사람들보다 더 많은 위험을 감수할 수 있다. 물론, 아주 약간의 돈만 투자할 수 있는 사람은 그걸로 좋은 수익을 낼 수 있는 기회라도 가지기 위해서 반드시 좀 더 큰 변동을 감수해야만 한다.

재정적인 위험 감수를 위해서는 다음과 같은 요인들이 중요하다.

- **당신의 미래 소득 수준:** 이 금액이 높을수록 당신은 더 많은 위험을 감수할 수 있다. 이는 특히 당신의 현재 지출이 당신의 소득에서 차지하는 비중이 낮을수록 더욱 그렇다. 이 경우는 일반적으로, 향후 몇 년간의 소득이 어떻게 발전할지에 대한 가정을 기준으로 삼는다. 이를 토대로, 앞으로 투자 기간에 벌어

들이는 소득의 총액이 현재 얼마만큼의 가치가 있는지를 보여주는 이른바 현금 가치가 계산된다.

- **돈이 될 수 있는 기타 자산:** 당신이 부동산, 예술품, 자동차, 현금을 비롯해 뭔가를 더 많이 가지고 있을수록 위험을 더 많이 감수할 수 있다.

- **투자 기간 또한 중요한 기준이다:** 주식 자산은 채권보다 더 심하게 변동하기 때문에, 투자 기간이 길수록 그 가치도 더 높아질 수 있다.

- **저축의 목적:** 정년퇴직을 할 때 요트를 구입하고 싶어서 저축을 하는가? 그 요트는 투자 성과에 따라 좀 작아도 (혹은 더 커도) 되는가? 그렇다면 좀 더 용기를 내서 위험하더라도 과감히 투자하라. 그런데 반대로 노후에 계속해서 발생하게 되는 지출의 상당 부분을 충당하기 위해서 미래펀드에 투자하는 것이라면 좀 더 조심스럽게 접근해야 할 것이다(물론, 당신의 연금 개시 시점이 멀수록 좀 더 과감해져도 좋다.).

분산 투자가 위험을 낮춰줄 수 있다는 사실을 당신은 이미 배웠다. 매우 상이한 발전 양상을 보이는 여러 투자 상품에 투자한다면, 모든 것을 한 곳에 '올인'할 때보다 자산 변동의 폭이 훨씬 덜할 것이다. 둘 또는 그 이상의 가치가 유사하게 변한다면, 이를 가리켜 전문용어로 '상관관계가 적다'고 말한다. 하지만 그들이 똑같이 움직인다면 상관관계가 매우 높은 것이다. 소득도 주식시장과의 상관관계가 천차만별이다. 금융업계 종사자들은 경제와 주식시장이 잘 돌아가면 보통 높은 보너스를 받는 경향이 있다. 따라서 이들의 소득은 월급이 거의 늘 정해져 있는 교사들의 소득보다 주식과의 상관관계가 더 높다고 할 수 있다. 따라서 공무원 연금까지 청구할 수 있는 교사는 이론상 은행원보다 더 많은 위험을 감수하며 자금 투자를 하는 것이 맞다. 그러나 실제로는 그 반대의 경우가 많은데, 이건 상이한 위험 감수도 때문이다. 하지만 금융시장에 대해 좀 더 깊이 파헤쳐보고 이를 통해 투자의 위험성과 자신들의 안정적인 소득이 가져다주는 장점 사이에서 깊이 고민해본 공무원이라면 주식시장에 더 잘 대처할 수도 있을 것이다.

욕구 – 당신이 감수할 수 있을 정도의 위험

다른 노령연금이 거의 없는 프리랜서나 자영업자들은 그다지 위험을 감수하려 하지 않을 것이다. 왜냐하면 인플레이션율보다 높은 이자를 보장하는 상품은 현실적으로 더 이상 없다는 사실을 감안할 때, 아무리 많이 저축한다고 해도 남은 인생을 경제적으로 안정되게 영위할 수 있을 정도로 넉넉한 이자를 꾸준히 받기는 힘들기 때문이다. 생명보험의 보장이자는 현재 1% 미만, 그것도 세전 수치다. 따라서 만약 충분히 많은 수익을 낼 수 있어서 굳이 국가의 지원을 바라지 않아도 되는 대안이 있다면, 비록 약간의 위험이 수반되더라도 그 대안을 택해야만 할 것이다. 그리고 어쩌면 당신은 이로써 더 나은 수익률을 낼 수 있는 좋은 기회를 잡게 될 수도 있다.

주식 비율을 결정할 수 있는 첫 번째 경험 규칙은 바로 '100 − 나이 = 주식 비율'이다. 이 규칙을 반드시 지켜야 한다는 뜻은 아니다. 그보다는 이 규칙이 저축 기간과 투자의 지평, 그리고 위험 사이의 상관관계를 파악하는 데 도움을 준다는 뜻으로, 이로써 당신이 적절한 주식 비율을 찾는 것이 조금 더 용이해질 수 있다. 이 규칙에 따르면, 당신이 젊을수록 주식 비율도 높게 나온다. 당연한 이야기다. 당신이 젊을수록 손실을 회복할 시간도 더 많기 때문이다. 돈을 벌 수 있는 시간이 긴 사람일수록(즉, 미래의 소득에서 더 많은 현금 가치를 갖게 되는 사람일수록) 주식 비율이 일반적으로 더 높은 경향이 있다. 다른 경험 규칙들도 그렇듯, 위의 규칙에 대해서도 비판의 목소리가 있다. 가령 101살 된 사람이 손자를 위해 돈을 투자하려고 한다면 위 규칙에서는 주식 비율이 −1%가 나오기 때문에, 이는 무용지물이라는 것이다. 그러나 이런 반론은 아무 의미가 없다. 이 경우에는 본인의 나이가 아니라 손자의 나이를 넣어야 하기 때문이다. 만약 손자가 6살이라면, 위 공식을 적용할 때 주식 비율은 94%가 될 것이다.

심리적인 위험 감수 − 당신이 감당할 수 있는 위험

개별 자산등급에 대해 어떻게 자산을 분배하기로 결정을 내리든 상관없이 중요한 것은 당신이 편안하게 잠을 잘 수 있어야 한다는 점이다. 순전히 이론이기는 하지만 어쨌거나 당신이 일정한 선까지 손실을 감당할 수 있다는 사실은 아주 좋다. 그런데 목표액을 달성하기 위해 설정한 높은 주식 비율이 당신에게 버겁게 느껴지고 이로 인해 지속적으로 스트레스를 받는다면 곤란하다. 위험이라는 것은 당신에게 심리적으로도 편안하게 다가와야만 한다. 예를 들어보겠다.

- A는 매우 훌륭하고 안정적인 소득이 있어, 투자한 돈이 굳이 없어도 잘 살 수 있다. 이론상 이 사람은 자금 투자 시에 높은 위험을 감수할 수 있다. 하지만, 이 사람은 투자한 자금의 가치가 조금만 떨어져도 편히 잠들지 못한다.
- B의 소득은 A보다 적고 안정적이지도 않아서, 훗날을 위해 꼭 자금을 모아야 한다. 그런데 이 사람은 연간 손실이 30% 혹은 그 이상 되더라도 크게 문제 삼지 않는다. 결국에는 결과가 좋게 나올 것이라고 믿고 있기 때문이다.

B는 A보다 손실 단계에서 심리적으로 더 잘 견뎌낼 수가 있어, 재정적으로는 그다지 좋은 상태가 아니더라도 A보다 오히려 더 높은 위험을 감수할 수가 있다.

당신이 최대 누적 손실에 대해서 어떻게 반응하는지 한번 생각해보라. 미래펀드의 가치가 25% 하락해도 평정심을 유지하면서 당신의 전략을 꿋꿋하게 고수할 수 있겠는가? 주가가 바닥을 치더라도 공황 상태에 빠져 주식을 파는 대신, 동요하지 않고 계획대로 계속 밀고 나가거나 아예 주식을 더 매수할 수 있겠는가? 40% 손실이 나면 어떻겠는가?

물론 현실은 이와 매우 다를 수 있다. 그런데 만약 이러한 생각만으로도 속이 울렁거린다면, 내면에 귀를 기울이면서 위험도를 조금만 낮추도록 하라. 당신이 재정적으로 위험을 감수할 수 있고 또 그래야만 한다는 생각이 분명할수록, 장기적으로 주식이 채권보다 훨씬 낫다는 믿음이 강할수록, 당신의 심리적 위험 감수도 또한 상향 조정해도 좋다. 아니, 저절로 높아질 것이다. 왜냐하면 금융시장을 집중적으로 파고들면서 더 깊이 이해할수록 심리적인 부담감을 극복할 수 있는 자세도 일반적으로 더욱 강해지기 때문이다.

리밸런싱: 지나치게 수동적인 사람은 결국 쓰러진다

노르웨이 오일펀드처럼 당연히 당신도 주식과 채권의 가중치를 바꿔나갈 수 있다. 그러나 이건 매우 신중해야 한다. 더 높은 수익을 낼 것이라는 확신으로 주식 비율을 자주, 예를 들어 2년마다 혹은 그것보다 더 자주 바꾸게 되면, 결국 노르웨이 오일펀드보다 더 낮은 수익률을 거두게 될 것이기 때문이다. 수동적으로 한 걸음씩 차분히 나아가는 게 아니라 지나치게 높은 수익률을 추구하게 되면 장기적으로는 실패하게 될 가능성이 높다.

　　노르웨이 투자공식에 따르면, 자산등급의 혼합 비율은 당신의 위험 감수도가 변화할 때에만 변경해야 한다. 당신의 재정적 위험 감당 능력, 위험을 감행해야 할 필요성, 혹은 당신의 심리적인 위험 감수도가 변화할 때가 바로 그런 경우다. 예를 들어 소득 상황이나 가정 환경의 변화, 상속, 자녀 출산, 새로운 저축 목표, 기대수익률의 변화 등과 같은 사건이 발생하는 경우 자산등급의 혼합 비율을 바꿀 수 있다. 하지만 그렇다고 해서 꼭 바꿔야 하는 건 아니다.

의심을 품는 것은 지극히 인간적이다. 매일 그리고 매년 달라지는 주식의 급격한 변동성이 당신을 불안하게 만들어서 갑자기 포트폴리오 대부분을 채권으로 보유하고 싶어지는가? 그렇다면 일단, 시장의 등락은 불가피하다는 사실부터 떠올리도록 하라. 그럼에도 불구하고 리밸런싱을 꼭 하고 싶다면, 당신의 심리적 위험 감수도가 어딘가에서 잘못돼 있을 가능성이 높다. 이런 일은 종종 일어날 수 있다. 이 때문에 좀 덜 위험한 포트폴리오로 전환하게 되면, 몇 년 후에 분명히 더 낮은 수익률이 나와서 화가 나게 될 것이다. 이런 일을 눈앞에 그려보면서, 당신의 위험 감수도를 정확하게 처음부터 다시 평가해보도록 하라. 이렇게 함으로써 시간과 분노도 줄이고, 각종 수수료 같은 비용을 절감하는 것은 물론, 결과적으로 수익률 저하로 인한 비용까지도 아낄 수 있다.

리밸런싱이 필요한 경우

포트폴리오 리밸런싱이 필요하다고 하더라도 급작스럽게 변화시켜서는 안 된다. 변화를 시도할 때에는 전략의 일부로서 도입해야 한다. 그렇게 해야 하는 이유로는 다음과 같이 여러 경우가 있다.

- **만기에 도달한 경우:** 투자 기간이 변화하거나 서서히 그 끝이 다가오고 있는 경우에는 리밸런싱이 의미가 있을 수 있다. 만약

70살부터 10년간 받게 될 연금액을 높이기 위해 30살부터 투자를 시작했다면, 변동을 최소화하기 위해 주식 비중을 늦어도 연금 개시 시점까지는 점차적으로 낮추는 것이 좋다. 만약의 경우 발생할 수 있는 손실을 만회할 수 있는 시간이 줄어들기 때문에, 채권을 선호하는 쪽으로 리밸런싱을 하는 것이 올바른 선택이라 하겠다. 결국 투자는 끝났고 당신은 80살이 될 때까지 10년 이상 당신의 미래펀드에서 돈을 꺼내 써야 하는 것이다. '100 - 나이 = 주식 비율'이라는 경험 규칙도 바로 이런 점을 고려하고 있다. 적절한 값을 당신의 출발값으로 잡고, 상황에 따라서 5~10년마다 당신의 자산등급 믹스를 수정하도록 하라. 예를 들어 주식 비중 70%(100 - 30)로 시작해서 40살이 되면 그 비율을 60%로 줄이고, 70살이 돼서 연금을 받기 시작할 무렵 30%가 될 때까지 계속해서 비중을 낮추면 된다. 생일이 될 때마다 주식 비중을 낮추는 건 그에 따른 비용 때문이라도 바람직하지 않다. 보통 10% 단위로 줄이면 된다. 대개, 적극적으로 리밸런싱을 하지 않고도 자산등급 믹스를 바꾸는 것이 가능하다. 일정 기간에 걸쳐 하나의 자산등급에만 투자를 하거나, 자금 인출의 경우 하나의 자산등급에서만 매도하기만 해도 된다.

당신이 주식 비율을 낮추려고 하기 직전에 주가가 크게 하락했다면, 주식 비율을 더 이상 낮추지 않는 것이 바람직할 수 있다. 하필이면 유난히

좋지 않은 시점에 매도하게 되는 위험을 끌어안는 것이기 때문이다. 대개 폭락 후에는 회복 단계가 찾아온다. 따라서 돈이 정 필요하다면, 차라리 채권을 먼저 매도하도록 하라. 20년이 넘는 장기간에 걸쳐 마련한 자금을 사용하려고 할 경우에도 마찬가지다. 주식은 계속해서 잘될 가능성이 높다. 다만, 당신이 자금 인출 단계로 접어들었다고 해서 자동으로 채권을 매도하지는 말라.

- **자산등급 믹스를 일정하게 유지해야 하는 경우:** 때때로 자산등급 믹스를 일정하게 유지해야 하는 경우에도 리밸런싱이 필요하다. 왜냐하면 주식과 채권이 연중 계속해서 비슷한 양상을 보이는 경우는 거의 없기 때문이다. 이 둘은 비율에 있어서 늘 커다란 등락을 보인다.

  일반적으로, 어떤 때에는 이 자산등급의 성과가 더 좋았다가 또 어떤 때에는 저 자산등급의 성과가 더 좋게 나온다. 그에 따라 포트폴리오 내의 자산등급 비율도 바뀌게 된다. 크게 상승한 자산등급의 비율이 높아지고 그렇지 않은 등급의 비율은 낮아진다. 그래서 본래 설정한 전략에 상응하는 투자 혼합 상태로 되돌아가기 위해서는 리밸런싱을 실시해야만 한다. 이로 인해 반 사이클 투자(anti cyclical investment)라는 긍정적인 효과가 발생하게 된다. 즉, 비싸진 증권의 일부는 매도되는 반면에 값이 싸진 증권의 일부는 계속 갖고 있게 되는 것이다.

  비중의 변경을 위해, 주식은 매도하고 채권을 매수하거나, 혹은 그 반대로 하는 등의 적극적인 방법이 동원될 필요는 없다. 한동안 비율을 높이고자 하는 자산등급으로만 돈이 들어가도록 하는 것만으로도 특히 투자 초기에는 커다란 효과가 있다. 만약 자금을 인출해서 자산을 점차적으로 줄이는 경우라고 하면, 이 규칙은 반대로 적용된다. 물론 원하는 주식/채권 비율을 (다시) 달성하는 데에 3개월 이상 걸려서는 안 된다. 한 분기 이상 주식만 매수(또는 매도)할 경우에 당신의 자산등급 믹스에 어떠한 영향이 미치는지를 잘 계산해보라. 그러고 났는데도 원하는 비율을 달성하기 위해 꼭 리밸런싱을 해야 하는지, 만약 해야 한다면 얼마나 해야 할지를 잘 살펴보라.

한번 정해놓은 주식 비중을 계속해서 똑같이 유지할 필요는 당연히 없다. 노르웨이 오일펀드 또한 어느 정도 변화를 허용하고 있다. 그러나 잦은 거래에 따른 비용 측면을 고려해 가능한 한 이를 낮게 유지하는 것도 중요하다. 따라서 주식 비중이 목표치에서 5~10%P 벗어날 경우에 리밸런싱을 시작하는 것으로 하자. 가령 주식 비율이 70%라면, 일러도 그 비율이 65% 이하로 떨어지거나 75% 이상 증가할 경우에 리밸런싱을 하면 된다. 분기에 한 번 이상은 리밸런싱을 하지 않는 것이 좋다. 특히 시간을 아끼고 싶은 사람은, 일반적으로 주식 비율이 10% 정도 증가 또는 하락할 경우에 6개월이나 12개월에 한 번 정도 리밸런싱을 한다.

돈을 분산하라: 올바른 증권 선택법

노르웨이 투자공식에 따른 투자의 핵심은 포트폴리오의 주식 및 채권 비율에 맞춰 유가증권을 적절하게 매수하는 데 있다. 이제 당신은 아마도 이 두 자산등급에 대한 당신만의 비율이 얼마나 돼야 할지 파악하고 있을 것이다. 이제부터는 노르웨이 오일펀드의 새로운 기준, 즉 주식 70%, 채권 30%를 적용하기로 한다. 〈표 12〉는 100,000유로가 바로 이러한 비율에 따라 분할 투자되어 있는 경우를 보여주고 있다. 당연히 이 표는 다른 모든 자산등급 믹스에 대한 본보기 역할도 한다. 일단 표 오른쪽에 나와 있는 퍼센트 수치와 제일 끝단의 내용부터 확인하고, 표 아래의 메모 사항을 읽어보길 바란다. 이 장을 읽어가는 동안, 노르웨이 오일펀드를 지향하고자 할 때 바로 이 표에 제시된 수치들이야말로 적절한 값임을 알게 될 것이다.

적당한 주식 찾기

노르웨이 오일펀드의 현재 벤치마크 지수는 FTSE 글로벌올캡 지수다. 이와 유사한 방식으로 세계 시장을 판단하는 다른 지수들도 많다. 앞서 설명한 것처럼 NBIM은 이 지수를 그대로 모방하지 않고 자체적인 가중치를 매긴다. 노르웨이 오일펀드는 8,000개 이상의 주식을 직접 보유하고 있다. 즉, 펀드 또는 다른 상품을 통해 기

〈표 12〉 노르웨이 오일펀드를 기준으로 한 자산등급 믹스 및 자금 분배 예시

총 금액 (유로)	자산등급	미래펀드 내 비율	할당액 (유로)	경제 지리학적 분배 [개괄적]	자산등급 내 비율	할당액	규모 기준	선진국/신흥국 내 비율	할당액 (유로)	지리적 분배 [상세]	대형주 및 소형주 내 비율	할당액 (유로)	주식비율 70% 조건에서 전체 금액 중 차지 비율	자산등급 내 비율	주요 지수/ETF나 주안점
100,000	주식	70%	70,000	선진국 시장 80%	80%	56,000	대형주	80%	44,800	북미	44%	19,712	20%	28%	북미 대형주
										유럽	44%	19,712	20%	28%	유럽 대형주
										아시아·오세아니아	12%	5,376	5%	8%	아시아·오세아니아 소형주
							소형주	20%	11,200	북미	44%	4,928	5%	7%	북미 소형주
										유럽	44%	4,928	5%	7%	유럽 소형주
										아시아·오세아니아	12%	1,344	1%	2%	아시아·오세아니아 소형주
				신흥공업국 시장 20%	20%	14,000		100%	14,000			14,000	14%	20%	신흥공업국 주식
	채권	30%	30,000	유로권 100%	100%	30,000		100%	30,000			30,000	30%	100%	유로 국채

업 경영에 간접적으로 참여하는 것을 넘어서 직접 참여하고 있기도 하다.

개인 투자자인 당신이 글로벌 큰손을 따라 개별 주식들을 대거 매입하는 것은 사실상 불가능할 것이다. 예를 들어, FTSE 글로벌올캡이나 이와 비슷한 지수의 상위 500개 종목을 사들이는 것만 해도 거의 불가능하다. 엄청난 금액을 쏟아 붓는다 해도 해당 주식의 높은 가격 때문에 종목당 10개 미만의 주만 취득할 수 있을 뿐이며, 매수에 따른 수수료도 만만치 않다.

어쩌면 상위 10개 주식만 매수하는 건 가능할지도 모른다. 2017년 중반 여기에는 애플, 페이스북, 마이크로소프트, 그리고 네슬레 등이 포함돼 있었는데, 이들은 지수의 8%만을 대표할 뿐이었다. 즉, 여기에만 투자한 사람은 시장의 꼭대기 일부분만을 모방할 뿐이며, 따라서 분산 투자와는 거리가 먼 것이다. 노르웨이 오일펀드 방식을 따라 하는 투자 전략과는 전혀 맞지 않는다는 이야기다. 그렇다면, 개인 투자자들을 위한 대안은 무엇일까?

특정 지수의 구성과 성과를 수동적으로 모방하는 상장지수펀드(Exchange Traded Funds), 즉 ETF에 가입하는 것이 한 방법이 될 수 있다.

ETF란 무엇인가

ETF는 주식시장에서 거래되는 패시브 펀드로, 계속해서 시장 상황에 따라 주식을 사고파는 액티브 펀드와 달리, 지수를 그냥 모방한다. 이 지수가 하락하면 ETF도 그에 따라 가치가 떨어진다. 그리고 모방한 지수가 상승하면 ETF도 당연히 상승한다. ETF는 펀드 매니저가 시장보다 더 나은 실적을 내기 위해 지속적인 매수와 매도를 실시하면서 적극적으로 관리하는 고전적인 펀드와 반대되는 수동적인 상품이다. 이렇게 적극적으로 투자하는 것이 아니라 수동적으로 특정 지수를 따르기 때문에 거래비용이 매우 낮다. 시간과 노력을 들여 힘들게 기업들과 시장을 분석해야 하는 '펀드 관리'가 필요하지 않기 때문이다. 그저 원하는 지수를 따르도록 포트폴리오를 구성해 매수 및 매도 지시만 내리면 된다. 적극적으로 관리되는 펀드는 연간 수수료가 보통 1~2% 정도 되는데, ETF의 경우엔 연간 0.5%를 크게 밑돌거나 어떤 때에는 0.1%가 안 되는 경우도 있다.

ETF 덕분에 전체 주식시장의 상품을 매수하는 게 훨씬 쉽고 저렴해졌다. 여기에서 ETF가 글로벌 ETF인지 아니면 특정 지역의 ETF인지는 중요하지 않다. 세상에는 수천 개의 ETF가 있고, 이를 전체적으로 조망하는 건 그만큼 매우 복잡하다. 그중에는 특정 업종에만 초점을 맞추고 있거나, 배당 수익률이 매우 높은 주식에만 투자하는 ETF도 있다. 이런 ETF는 기본적으로 액티브 펀드의 성향에 가까워, 소규모 시장 세그먼트를 선택해서 그 구성을 지속적으로 정말 심하게 변경하기도 한다.

모든 비용 차이는 장기적으로 수익률에 영향을 미친다. 비용을 계산하기 전에는 지수를 앞지를 것처럼 보이는 펀드도 비용을 계산하고 나면 처음과 완전히 달라 보이는 경우가 거의 대부분이다. ETF는 무엇보다 낮은 운용비용이 특징이다.

가장 좋은 것은 늘 적절한 분산 투자다. 자신의 자산 투자 상황을 잘 파악하고 있으려면, 가능한 한 투자 상품의 수량을 줄이는 것이 좋다. 최적의 수량은 여러 요인에 달려 있는데, 가장 중요한 것들만 뽑아보면 다음과 같다.

- **투자 금액:** 더 많은 돈을 투자하고 싶어 할수록 더욱 다양한 증권을 보유할 수 있다. 왜냐하면 개별 증권들에 들어가는 비용이 상당히 절약되기 때문이다. 이는 상대적인 거래 비용(수수료, 매수 및 선택에 들어가는 당신의 노동비용)이 낮아진다는 의미다.
- **투자 빈도:** 정기 투자는 자산을 여러 증권에 분산 투자하는 것을 대개 쉽게 만들어준다. 대부분의 경우, 매수 수수료가 적어지거나 아예 발생하지 않는 경우가 드물지 않기 때문이다. 이로써 소액 투자도 가능하다.
- **거래은행:** 당신이 계획하고 있는 월 투자금액에 해당하는 상품을 거래은행이 취급하지 않을 수도 있다. 또한 은행이 모든 ETF를 취급하는 것도 아니다. 당신의 은행이 특정 상품(보통 동일한 공급자의 상품)에 대해서 할인을 제공하는지 살펴보라. 하

지만 가격이 저렴한 것처럼 보인다는 이유만으로 해당 상품을 선택하지는 말라. 두 개 이상의 은행에 계좌를 유지하면서, 수수료가 적게 들어가면서도 당신의 전략에 맞는 것을 매번 따져가면서 매수하는 것이 좋다.

• **숙련도:** 당신이 너무 많은 수단과 계좌를 가지고 있을수록 상황을 파악하기가, 가령 현재 주식 비율이 얼마나 높은지 등을 신속하게 파악하기가 힘들어진다.

올바른 가중치 부여하기

우선, 노르웨이 오일펀드와 마찬가지로 당신의 투자 세계를 확정해야 한다. 오일펀드의 전략을 따르는 사람이라면, 지역에 따른 ETF를 선택하고 그에 따라 신흥공업국뿐만 아니라 소형주에 대해서도 적절히 가중치를 부여해야 한다. 이는, FTSE 글로벌올캡 또는 MSCI 월드와 같은 지수로 대표되는 글로벌 주식시장의 ETF만 매수하는 것으로는 충분하지 않다는 것을 의미한다. 그런 ETF만 매수할 경우, 미국에 지나치게 많은 가중치가 부여되고 신흥공업국에 대한 가중치는 떨어지기 때문이다.

MSCI 월드는 명칭에 '세계'라는 단어가 들어 있음에도 불구하고 신흥공업국을 아예 포함하지 않고 있으며, MSCI ACWI는 이들 국가의 가중치를 약 10%로 두고 있다. 따라서 투자 총액을 원하는 대로 분산 투자하기 위해서는 이 점을 유념해서 다양한 상품들을 잘 조합해야만 할 것이다.

노르웨이 오일펀드의 세부 분석 결과를 보면, 소형주와 신흥공업국의 비율이 각각 약 10%에 이르고 있다. 장기적인 수익률 측면의 이점과 이 카테고리의 주식들이 표준 가치와 낮은 상관관계를 보이고 있음을 믿고 있는 사람이라면 이보다 좀 더 높은 비율을 고려해볼 만하다. 나의 조언은 개인적으로 둘 모두에 대해 최대 25%까지 비율을 높이라는 것이다.

지리적인 분배를 위해, 포트폴리오의 주식 비율을 일단 선진국과 신흥공업국으로 나누도록 하라. 신흥공업국에 정말로 더 높은 가중치를 두고자 한다면, 가령 80 대 20의 비율 정도가 좋다. 그러고 나면, 노르웨이 오일펀드의 분배 및 소형주 비율을 고려해 선진국의 비율을 다시 분할하라. 북미가 39%(미국 37%, 캐나다 2%), 유럽이 36%, 아시아 19%, 오세아니아 2%, 남미 1.3%, 아프리카와 중동이 각각 1% 미만이다(반올림을 했기 때문에, 이들 수치를 다 더하면 정확하게 100%가 나오지 않는다). 무엇보다 아시아 지역에선 중국과 인도, 대만 등 신흥공업국의 비율이 높다. 이에 따라 선진국 포트폴리오에서 차지하는 아시아의 비중을 축소해야 한다.

언뜻 보기에도 이러한 지역별 가중치 적용은 당신이 상상했던 것만큼 그리 간단하지가 않다. 글로벌 경제 실태에 관한 데이터는 노르웨이 오일펀드와 유사한 자체 포트폴리오를 구성하는 데 도움이 된다. 이 데이터는 해마다, 그리고 계산 방법에 따라 조금씩 다르다. 국제연합무역개발협의회(UNCTAD)의 최근 수치(반올림)를 보면, 선진국 비율 중에서 유럽과 북미가 각각 44%를 차지하고 있고,

남은 12%는 아시아/태평양이 메우고 있다. 여기에서 남미와 중동은 고려되지 않고 있는데, 이들은 신흥공업국으로 분류되고 있기 때문이다.

포트폴리오 내 선진국 비율 중에서 소형주와 중·대형주 세그먼트도 각각 적절히 가중치를 부여해야 한다. 이에 대한 분배는, 노르웨이 오일펀드의 기준에 따라 구조화된 포트폴리오가 어떻게 분배돼야 하는지를 보여주는 〈표 12〉를 참조하라. 중요한 것은, 지역 및 시가총액에 따라서 각 자산등급 내 하위 카테고리에 대한 비율을 반영하고 있는 퍼센트 수치다. 이 수치는 오른쪽에서 두 번째 열(자산등급 내 비율)에 나와 있는데, 총 자산규모와 관련된 값은 주식 비율에 따라서 달라지는 반면에 이 수치는 늘 동일하다.

마지막 열은, 당신의 미래펀드에서 ETF가 어떤 부분에 중점을 둬야 하는지를 보여준다. 그에 대한 상품 예시는 뒤에 나오는 〈표 13〉에서 확인할 수 있다. 당신이 거래하는 은행이나 투자 기관에 따라 당신의 투자 비율을 적절히 분배하도록 하라. 투자 규모가 너무 적어서 모든 카테고리에 투자할 수 없다면, 좀 더 단순한 투자 방법에 대해서도 배워야 할 것이다.

적절한 ETF 선택하기

적어도 미국과 유럽의 주식시장에 관한 한, ETF는 매우 크고 또 복잡하다. 독일어 웹사이트 www.justetf.com에만 해도, 유럽 주식 지수들을 모방하고 있는 상이한 ETF가 거의 300개나 나와 있다.

미국에 대해서도 100개가 넘는다. 모닝스타(Morningstar)는 경우에 따라서 매우 다양한 선택폭을 제시한다. ETF의 경우, 주요 지수에 대한 합성 복제(Synthetic replication)는 배제하도록 하라. 이 방법(전문 용어로 '복제(replicate)하다'라고 하기 때문에 복제법(replication method)이라고 불린 다.)은 ETF 제공자가 해당 지수를 복제하기 위해 해당 지수의 주식을 단 하나도 가지고 있을 필요가 없다. 대신에 ETF 제공자는 그 지수에서 약속하는 수익률로 계약 파트너와 거래한다. 그래서 이런 유형의 ETF는 '스왑(swap)'이라는 별칭을 가지고 있다.('Swap'은 '교환하다', '맞바꾸다'라는 의미를 갖고 있다.) 복잡하고 어렵게 들리는가? 실제로 그렇기도 하다. 그러니까 이건 그냥 건드리지 말고 놔두라. 사실, 10여 년 전 금융위기가 발생한 데에는 이렇게 이해하기 어려운 금융 거래에도 부분적인 책임이 있다. 이것만으로도 혼란스러운 상품에 대한 투자를 포기해야 하는 좋은 이유가 된다. 아무리 그 수수료가 더 낮다고 해도 말이다. 손도 거의 타지 않은 ETF들이 아직 많이 남아 있다. 이들은 지수를 거의 그대로 복제하거나, 이른바 샘플링 방법을 통해 부분적으로 복제하고 있다. 이때 ETF는 지수에 포함돼 있는 모든 기업들의 증권에 그 가중치를 정확히 그대로 적용하지는 않는다. 그 대신 시장을 가능한 한 정확하게 반영하도록 선택한다. 이는 흔히 아주 많은 증권을 가지고 있거나 덜 유동적인 대형 지수들(가령 글로벌 지수)이 비용을 낮추기 위해서 많이 사용하고 있는 방법이다. 이런 경우라면 뭐 좋다.

ETF의 종류는 지수 공급자만큼이나 다양하다. 대형 지수 공급자로는 FTSE러셀, S&P 다우존스, MSCI(Morgan Stanley Capital International)가 있다. 따라서 노르웨이의 벤치마크는 FTSE임에도 불구하고 노르웨이 금융 공식에 따른 샘플 포트폴리오는 위의 여러 지수를 기반으로 하고 있다.

노르웨이 오일펀드처럼 전 세계의 주식 시장을 지역과 상응하는 가중치에 따라 모방하려면, 한 공급자의 지수에서만 ETF를 매수하는 것이 좋다. 그렇지 않으면 당신의 전략에서 벗어나게 될 위험이 있다. 예를 들어 어떤 공급자는 특정 국가들을 다른 공급자와 달리 분류할 수가 있는데, 자칫 당신이 두 공급자의 지수를 모두 사용하게 될 경우 이들 국가가 당신이 보유한 ETF에 두 번 나타남으로써 가중치가 추가로 부여될 수가 있다. 하지만 일반적으로는 세계 경제의 중요한 부분을 아예 커버하지 않는 것보다는 서로 다른 공급자의 지수에 나온 ETF를 서로 혼합하는 것이 차라리 더 낫다.

소형주 비율은 샘플 포트폴리오에서 별도의 ETF로 커버되고 있으며, 이로써 비교적 쉽게 원하는 대로 가중치를 부여할 수가 있다. 포트폴리오가 특별히 간단하게 구성돼야 한다면, 이른바 IMI ETF라는 게 있다. 여기에서 IMI는 Investable Market Index의 약자다. 이 ETF는 중·대형주 외에 소형주도 취급하고 있지만, 초소형주는 여기에서 제외된다. 다만 MSCI에 따르면, 소기업의 주식에 대해서 정상적인 가중치만 부여돼 있고, 우리가 원하는 것처럼 추가적인 가중치는 부여돼 있지 않다. 초소형주를 취급하는 건 높은 비용 때문에 일반적으로 그다지 수지타산이 맞지 않는다.

MSCI ETF를 선택하는 것은 커버하는 지역에 따라 좋을 수도 있고 나쁠 수도 있다. 예를 들어 현재 독일에는 단 하나의 북미 ETF(미국, 캐나다)만 있는 반면, 순수한 미국 ETF에 대한 공급은 이보다 굉장히 많다. 다른 지역도 이와 유사하다. 게다가 모든 은행이 모든 ETF를 가지고 있는 것도 아니다. 이제부터 살펴보게 되겠지만, 그럼에도 불구하고 노르웨이 오일펀드를 가능한 한 그리고 의미 있게 모방하는 포트폴리오를 만드는 것은 가능하다. 예를 들어, ETF를 다른 공급자의 지수에서 선택할 수 있다. 또한 MSCI 지수를 약간 다른 방식으로 분배하는 방법을 선택할 수도 있다. 가령 기업의 시가총액이나 국가 측면에서 말이다. 일본을 배제한 아시아/태평양 ETF도 많이 있고, 또 캐나다를 포기하더라도 크게 문제될 게 없을 것이다. 게다가 공급되는 ETF가 지속적으로 변한다는 점도 유념해야 한다. 대개는 시간이 지나면서 더 많은 ETF가 제시된다. 따라서 몇 달 후면 지금은 없는 ETF가 출시될 가능성이 높다. 따라서 상응하는 포트폴리오를 모방하는 건 앞으로 점점 더 쉬워질 것이다. 하지만 그렇다고 해서 더 새롭고 더 적합한 ETF가 출시될 때마다 매번 갈아탈 필요는 없다. 나중에 일부 ETF만 그냥 교환하기만 하면 된다. 〈표 13〉에는 노르웨이 투자공식에 부합하는 국제 주식 ETF에 대한 구체적인 상품 예시가 나와 있다. 여기에는 다음 장에서 논의하게 될 윤리적인 기준들이 이미 고려돼 있다.

〈표 13〉 노르웨이 오일펀드를 모델로 한 포트폴리오를 구축할 수 있는 ETF 예시

지역	제공자	ISIN	지수(제공자 내부자료)	복제	A/T	L	M	S	연간 운영비용(%)	비고
ALL	UBS	LU0629459743	MSCI World SRI	실물 복제	A	×	×	–	0.38	지속가능성 기준을 모두 충족하는 것은 아님
NA	BNP	LU1291104575	MSCI North America	실물 복제, 최적화	T	×	×	–	0.25	
USA	iShares	IE00BYVJRR92	MSCI USA SRI	실물 복제, 최적화	T	×	×	–	0.30	
USA	UBS	LU0629460089	MSCI USA SRI	실물 복제	A	×	×	–	0.33	
USA	iShares	IE00B3VWM098	MSCI USA Small Cap	실물 복제, 최적화	T	–	–	×	0.43	지속가능하지 않음
EM	iShares	IE00BYVJRP78	MSCI EM SRI	실물 복제	T	×	×	–	0.35	
EM	UBS	LU1048313891	MSCI EM SRI	실물 복제	A	×	×	–	0.53	
EM	iShares	IE00BKM4GZ66	MSCI EM IMI	실물 복제, 최적화	T	×	×	×	0.25	지속가능하지 않음
EM	SPDR	IE00B848X4842	MSCI EM Small Cap	실물 복제, 최적화	T	–	–	×	0.55	지속가능하지 않음
A-P	UBS	LU0629460832	MSCI Pacific SRI	실물 복제	A	×	×	–	0.40	
Jap	UBS	LU1230561679	MSCI Japan SRI	실물 복제	A	×	×	–	0.40	
Eu	iShares	IE00B52VJ196	MSCI Europe SRI	실물 복제, 최적화	T	×	×	–	0.30	
Eu	BNP	LU1291101555	MSCI Europa Small Cap	합성 복제	T	–	–	×	0.25	지속가능하지 않음

이 표의 왼쪽에서 여섯 번째 열에는 자동으로 수익을 다시 투자하는 성장을 가진 재투자성 ETF가 'A'로, 지급성 ETF는 'T'로 표시되어 있다. L, M 또는 S가 적혀 있는 열의 'x'는 이 ETF에 대형주(L), 중형주(M) 또는 소형주(S)가 포함되어 있음을 나타낸다. 운영비용 항목은 해마다 발생하는 수수료를 퍼센트로 나타낸 것으로 총보수비용률(TER: Total Expense Ration)이라고도 불린다. 이 외에도 경우에 따라서 보관 수수료나 거래 수수료가 발생할 수도 있는데, 이는 은행마다 다르며 또 금액에 따라서도 차이가 있을 수 있다. 따라서 전체 소유기간 동안의 총 비용, 즉 총소유비용(TCO: Total Cost of Ownership)을 개선하기 위해서는 이런 점들을 개별적으로 마주봐야 한다. 지역의 경우, ALL은 모든 지역, NA는 북미(미국 + 캐나다), A-P는 아시아/태평양, EM은 이머징 마켓, 즉 신흥공업국, Eu는 유럽을 뜻한다. 지역 내 각 국가에 대한 기준은, 그리고 시간이 지남에 따라 변할 수 있는 기타 데이터는 관련 회사나 ETF 공급업체 또는 온라인 인터넷 사이트에 나와 있다. 또한 인터넷에서 ISIN 번호를 검색해서 찾아볼 수도 있는데, 이 코드로 각 증권을 명확하게 식별하거나 해당 지수를 좀 더 정확하게 식별할 수가 있다.

의미 있는 채권 식별하기

NBIM은 2017년 가을, 채권 부문에서 대대적인 변화를 요구했다. 오일펀드 매니저들은 재무부에 서한을 보내 더 이상 회사채를 벤치마크 지수에 포함시키지 말아야 하며 또 국채는 미국 달러, 유로, 그리고 영국 파운드라는 소수의 선택된 통화만 남겨야 한다고 제안했다. 이 세 개의 통화는 특히나 중요한 국제 통화일 뿐만 아니라, 이들 세 나라는 노르웨이 대외 무역에서도 큰 비중을 차지한다. 오일펀드는 노르웨이 크로네에 투자하지 못하도록 되어 있기 때문에, 노르웨이의 가장 중요한 교역 상대국의 통화로 제한하는 것은 노르웨이가 채권 부문에서 환율 리스크를 줄이기 위한 최선의 방책이다. 결국 앞으로의 무역은 주로 이 세 가지 통화로 이루어질 것이다. 이들 통화는 특히 유동성이 높은 국채를 발행하고, 자주 거래되기 때문에 지속적으로 매수와 매도가 이루어진다. NBIM은 최대 투자 기간을 10년으로 잡고 있다.

유로존에 사는 개인 투자자가 오일펀드의 채권 투자 방침을 따른다는 것은, 최대 10년 만기의 유로화 국채에만 투자하는 것을 의미한다. 이런 통화 제한에도 불구하고 채권의 종류는 어마어마하게 많다. 그리고 성과도 모두 다르다. 또한 유로화 채권을 꼭 유럽 국가들만 발행하는 것도 아니라는 사실을 알아둘 필요가 있다. 통화가 불안정한 지역의 국가들은 자국의 채권을 자국 통화보다 더 중요하고 더 안정적인 통화로 발행함으로써 외부 자금을 끌어들일 기회를 높이려고 한다. 가령 터키가 그렇게 하고 있다. 그러나 개인 투자자에게 이러한 채권은 적합한 투자 대상이 아니다. 우선, 최소 투자금이 상당히 높고 또 다른 한편으로는 국가 신용도가 상대적으로 낮다는 문제가 있다.

채권을 통해 국가 또는 기업은 일정 기간 동안(채권의 유효기간) 사전에 확정된 금리로 부채를 지게 된다. 예를 들어, 당신이 국채를 매수함으로써 독일에 10년간 1,000유로를 연 금리 0.5%(현재 지극히 현실적인 이자율이다)로 돈을 빌려준다고 해보자. 그러면 당신은 해마다 5유로씩(1,000유로의 0.5%) 받고, 또 만기가 되면 당신의 1,000유로를 되돌려 받는다. 이 기간 동안 당신은 언제든지 이 채권을 재판매할 수 있다. 금리가 안정적으로 유지되면 이 채권의 가격은 변하지 않는다. 반대로 금리가 하락하면 채권 가격은 상승하는데, 이는 아직 0.5%씩 이자를 지급해주고 있는 이 채권이 현재 시중의 다른 채권들보다 갑자기 더 매력적으로 비쳐지기 때문이다. 금리가 상승하면 그 반대의 현상이 발생한다.

신용도의 변화도 채권 가격에 영향을 미친다. 만약 어느 국가가 갑자기 S&P나 다른 신용평가 기관들 중 한 곳으로부터 채무불이행 위험이 높아졌다는 평가를 받게 되면, 이는 대개 채권 금리의 인상으로 이어진다. 안전한 채권은 만기까지 이자를 꼬박꼬박 주면서 잘 유지되다가 결국 원금을 돌려주는 것들이다. 하지만 문제는 이걸 우리가 늘 만기가 되어야만 알 수 있다는 것이다. 그렇기 때문에, 만약 안전성이 중요하다면 만기가 좀 짧은 채권이 좋다.

여기에 신용등급까지 높다면 안전성은 더욱 높아진다. ETF

중에는 채무불이행 위험이 극도로 낮은 AAA 등급을 받은 국가의 채권에만 투자하는 것들도 있다. 이런 채권은 ETF의 훌륭한 대안이 될 수 있다. 거래 은행에서 우량 채권에 투자하는 ETF의 종류를 알아보는 것도 좋다.

어떤 국가의 국채가 어떠한 역할을 하는지 등 ETF에 대한 자세한 내용은 각 유가증권을 국제적으로 식별하는 데 사용되는 ISIN(국제증권식별번호, International Securities Identification Number)을 인터넷에서 검색하면 확인할 수 있다. 그러고 나면 공급자의 사이트 또는 PDF가 해당 정보와 함께 뜬다. 이로써 각 국가 및 유효기간별로 ETF의 투자가 어떻게 분산되어 있는지를 알 수 있다. 둘 모두 위험에 관한 정보를 어느 정도 제공한다. 만기가 짧으면 위험이 낮아지지만 대신 금리도 낮아진다. 국가의 경우, 채무불이행 가능성을 좀 더 잘 파악하기 위해서는 그 국가의 등급을 살펴보는 게 도움이 된다.

채권의 경우엔 노르웨이 투자공식의 윤리적 요소를 충족시키기가 훨씬 더 어렵다. 물론 지속가능한 채권이나 그린 본드(Green Bond)와 같은 도구들이 있지만, 이들의 투자 범위는 국채와는 다른 상품들을 포함한다. 종종 더 높은 채무불이행 위험을 가진 회사채를 취급하고 있으며, 따라서 노르웨이 투자공식에서 벗어난다.

펀드나 주식과 마찬가지로, ETF는 수수료 때문에 보통 한 번에 목돈을 투자할 때에만 매수하는 것이 바람직하다. 그러나 매월 일정 금액을 자동으로 투자하는 경우라면 수수료가 없거나 거의 낮으니 걱정할 필요가 없다.

전체적으로 혹은 적어도 처음에 아주 소액만 투자한다면(가령 한 달에 30유로 또는 50유로 정도라고 해보자), 일부는 주식형 ETF, 또 일부는 채권형 ETF에 분할 투자하는 것은 비용이 많이 들어간다. 이럴 때는 주식의 경우 일단 글로벌 MSCI World Social Responible 5% Issuer Capped(표 13의 제일 위)의 ETF 하나만 매수하고, 여기에 신흥공업국의 ETF 하나를 더 추가하는 것을 고려할 수 있다.(MSCI Emerging Markets SRI 5% Issuer Capped Index 또는 MSCI Emerging Markets SRI).

부동산 – 예스 or 노?

몇 년 전부터 노르웨이의 오일펀드는 부동산에 직접 투자하면서 선별된 도시에서 주로 상업용 부동산을 구입하고 있다. 혹시 당신도 런던에 있는 사무실이나 뮌헨 외곽에 있는 창고에 투자하는 걸 생각해본 적이 있는가? 아마 없을 것이다. 개인이 부동산 매매에 대해 말할 때에는 보통 자기 집을 생각하거나, 아니면 자본 투자의 대상으로서 임대해줄 집을 떠올린다. 이 점에서 노르웨이 오일펀드와는 차이가 있다.

현재 노르웨이 오일펀드는 실제 부동산에 2.5%를 투자하고 있다. 상장 부동산업체에 대한 주식 비율은 여기에 포함돼 있지 않다. 이는 100유로를 기준으로 하면 2.5유로, 1,000유로를 기준으로 하면 25유로에 상응하는 금액이다. 이 말은 집을 한 채 구입하되 노르웨이 오일펀드처럼 투자를 하고자 한다면, 당신이 갖고 있는 총 투자금이 상당히 커야 한다는 뜻이다. 방 3개짜리 주택의 실질 구매가가 250,000유로라고 해보자. 이 주택을 구입하는 것과 동시에 당신의 포트폴리오를 노르웨이 오일펀드처럼 분산하려면, 총 투자금이 1,000만 유로가 돼야 할 것이다. 1,000만 유로의 2.5%가 250,000유로이기 때문이다. 2016년 말을 기준으로 노르웨이 오일펀드의 투자 비율은 이랬다. 그러나 이 정도의 자산을 갖고 있는 개인은 없는 것이 현실이다.

부동산 투자와 관련해서 당신에겐 다음과 같은 세 가지 대안이 있다.

1. **추가적인 부동산은 허용하지 않는다.**

   어쨌든 결국 노르웨이 투자공식을 이용해 당신이 투자한 돈의 일부는 이미 부동산 주식에 들어가 있다. 그렇기 때문에 해당 지수는 물론이고 해당 ETF에도 이미 똑같이 그렇게 자금이 투자돼 있는 것이다.

2. **부동산에 간접적으로 더 많이 투자한다.**

   부동산 주식형 ETF, REIT 및 부동산기업의 주식을 이용해 당신의 미래펀드에서 부동산이 차지하는 비중을 높일 수 있다. 따라서 개인 투자자로서 수백만 유로의 자산 없이도 노르웨이 투자공식에 따라 최선의 방법으로 투자할 수가 있다.

3. **노르웨이 투자공식을 무시하고 부동산을 구입한다.**

이렇게 하면 당신 자산의 몇 퍼센트를 더, 어쩌면 절반 이상을 이 투자 등급에 투자하게 되는 것일 수도 있다. 이제 부동산의 비중이 월등히 높아졌을 것이다.

각 대안들마다 그만의 좋은 이유가 있다. 중요한 것은, 그 결정이 신중하게 이뤄져야 한다는 점이다. 집과 땅을 사는 것이 항상 최고의 투자는 아니라는 점을 이해하는 것도 중요하다.

간접적으로 부동산 투자를 하는 경우

특수 ETF나 REIT에 투자를 하면 더 쉽고 더 광범위한 분산 투자를 할 수 있다. 그러나 개방형 부동산 펀드나 폐쇄형 부동산 펀드에서는 손을 떼라고 권유하고 싶다. 이들 상품은 보통 더 비싸고, 투명하지도 않으며, 경우에 따라서는 거래가 힘들다. 특히 위기의 시기에는 더욱 그렇다. ETF는 당신도 이미 잘 알고 있다. 적절한 ETF는 국제 부동산 주식이나 다름없으며, 다른 시장들과의 상관 관계가 낮은 REIT를 매수하는 것도 좋은 방법이다. REIT는 부동산 거래로 돈을 버는 주식회사이며, 무엇보다도 이익의 대부분을 분배하도록 규정되어 있다.

핵심은 지속적인
투자에 있다

노르웨이 투자공식의 핵심 요소는 지속적인 투자다. 시장이 널뛰기를 하든 아니면 차분하든, 그건 중요하지 않다. 계속해서 포트폴리오를 불려나가라. 당신의 경제 상황이 바뀌어서 갑자기 저축할 돈이 더 많아지거나 더 적어지게 되는 경우에만 액수를 조정하면 된다.

직장인들의 수입은 노르웨이 오일펀드보다도 훨씬 더 안정적이다. 따라서 이들 직장인이 규칙적으로 투자하는 금액은 노르웨이 오일펀드보다도 훨씬 더 변동이 적을 것이다. 혹시 수입이 불규칙한 자영업자나 프리랜서라 하더라도 매월 일정한 금액을 투자하고, 경우에 따라 연말에 당초 생각보다 여유 자금이 더 생긴다면 이 돈을 추가로 불입할 것을 권장한다. 이렇게 함으로써 당신은 정확히 노르웨이의 모델에 따라 처음 정한 금액을 꾸준히 투자하게 된다.

노르웨이 투자공식의 이 부분은 규칙적인 자동 투자 방식을 통해 가장 잘 실현할 수 있다. 장기 계약을 통해 일정한 금액이 꾸준히 불입되는 경우, 다음과 같은 여러 장점이 있다.

- **특별히 나쁜 시기, 즉 가격이 상대적으로 높은 때에 시장에 진입할 위험이 줄어든다.** 이로써 가격이 상대적으로 낮을 때에 당신의 모

든 돈을 투자할 가능성도 당연히 없어진다. 은행들은 이를 가리켜 흔히 평균비용효과라고 말하는데, 이건 당연히 긍정적인 측면만 강조하는 것일 뿐이다. 결국 이것은 심리적인 진정 효과일 뿐이다. 당신은 장기적으로는 증권 가격이 오를 것이라고 가정하고 있기 때문이다. 그러나 실제로 증권 가격이 이미 상대적으로 높은 것인지, 그래서 앞으로 조정 국면을 눈앞에 두고 있는 것인지, 그러고 나면 다시 회복기에 접어들 것인지, 혹은 증권 가격이 계속해서 상대적으로 낮은 가격으로 머물 것인지는 늘 뒤늦게야 알 수 있다.

- **투자로 인해 당신의 재정에 갑자기 구멍이 뚫릴 일은 없다.** 당신의 저축은 그저 수많은 지출 항목 중 하나에 불과하다.
- **더 큰 금액의 일회성 불입과도 결합할 수 있다.** 초기 자본, 상속 또는 크리스마스 수당 같은 보너스도 언제든 추가 불입이 가능하다.
- **비용이 더 적게 드는 경우가 많다.** 은행들은 자동 이체에 대해 수수료를 보통 더 낮게 책정하거나 아예 받지 않는 경우가 많다. 그리고 자동으로 매수가 이뤄지기 때문에 당신은 많은 시간과 돈을 절약할 수도 있다.
- **가장 큰 장점은 아마도 자기 규율일 것이다.** 당신은 이미 개인 투자자들이 가격이 떨어질 때에는 각자의 전략을 고집하면서 계속 투자하기보다는 매도하는 경향이 있다는 것을 배웠다. 그러고는 나중에 시장이 회복되면, 예전에 매도했던 것보다 더 높은

가격으로 다시 그걸 사들이곤 한다. 이건 심리적으로 이해할 수는 있지만 큰 실수다. 이는 손실은 현실화하고 이익은 회피하는 결과로 이어진다.

시장 상황에 관계없이 투자를 하는 가장 간단한 방법은 자동으로 정기적으로 투자되도록 하는 것이다. 매번 은행에 로그인해서 매수 지시를 내릴 필요 없이 특정 날짜에 자동으로 실행되도록 해놓으면, 당신이 현재의 시장 상황으로 인해 깜짝 놀라서 투자를 중단하게 될 위험이 적어진다. 또한 매수 지시를 내리는 것을 깜빡 잊었다거나 다른 더 중요한 일로 인해 자금을 투자하지 않게 되는 실수를 피하게 된다.

월급을 받는 즉시 매월 동일한 금액이 자동으로 쉽게 투자되도록 하는 것이 가장 좋다. 일단 당신의 계좌에 월급이 들어오는 즉시 펀드에 돈을 입금해버리면, 다른 지출이 발생하더라도 이미 그 돈은 더 이상 이용할 수 없다. 따라서 '예외적으로' 다른 목적으로 돈을 사용하려는 유혹에 빠지지 않게 된다. 이런 식으로 당신은 노르웨이 오일펀드를 모방할 수 있다. 또한 노벨 경제학상 수상자인 리처드 탈러의 조언을 따르는 것이기도 하다. 리처드 탈러 또한 마찬가지로 이러한 방식의 자동 투자를 옹호하고 있다. 당신의 월급 인상률에 맞춰서, 아니 적어도 인플레이션율에 맞춰서 저축 액수를 연 1회 인상하는 방법도 염두에 두라. 실제 가치로는 금액이 더 늘어난 것이 아니지만, 훗날 훨씬 더 많은 금액으로 되돌아올 것이다.

결국에는 늘 은행만 돈을 번다?
그건 아니다

정부 투자기관은 전직 고위관리나 정치인들에게, 공익을 희생시켜 가며 최고 보수의 일자리를 제공하는 곳으로 보통 인식된다. 하지만 노르웨이에서는 그렇게 하지 않는다. 이 나라에서는 반대로 오일펀드의 임직원들이 공익을 위해 일한다. 이들은 높은 수익을 내는 것만큼이나, 비용 관리도 중요하게 생각한다. 그렇기 때문에 펀드의 관리에 들어가는 비용도 매우 낮은 편이다. 이는 외부 수임자들에게 어떠한 지시가 내려지고 이에 대해 어떻게 보상이 이뤄지고 있는지가 엄격하게 확인되고 있는 것과 무관하지 않다. 그 결과, 펀드 운용에 들어가는 관리 비용은 2016년 기준으로 펀드 전체 규모의 0.05%였다.

개인 투자자로서 이렇게 낮은 비율을 달성한다는 건 불가능하게 보일 수도 있겠지만, 그래도 당신은 이러한 노르웨이의 비용 관리 방식을 늘 염두에 두는 것이 좋다. 투자 관련 비용을 낮게 유지하는 것은 더 높은 수익을 올리기 위한 가장 손쉬운 방법 중 하나다.

발생 수수료를 줄이거나 아예 피하기 전에, 당신의 미래펀드에서 대체 어떠한 비용이 발생하는지부터 알고 있어야 한다. 여기에는 다음과 같은 것들이 있다.

- **거래 수수료:** 예치 계좌에서 뭐라도 움직일 때마다 일단 돈이 든다. 유가증권을 매수하든 매도하든, 뭐가 됐든 당신은 그에 대한 수수료를 지불해야 한다.

- **추가 지출금:** 일상적인 거래 수수료 외에, 특히 적극적으로 관리되는 펀드는 일부 지출 가산금을 몇 퍼센트까지 요구하기도 한다. 때로는 ETF에서도 이 비용이 발생한다.

- **관리 수수료:** 은행이 당신에게 제시하는 적극적 관리 펀드는 보통 연간 관리 수수료가 1~2%인 반면, ETF는 0.5% 미만인 경우가 많다.

- **개인적인 간접 비용:** 직접적으로 발생하는 금전적인 비용이 가장 눈에 띄기는 하지만, 그게 다가 아니다. 자산 관리에 당신이 얼마나 많은 시간을 투자했는지도 중요하다. 이와 관련된 비용은 등한시되기 쉽다. 프리랜서나 자영업자는 일반적으로 새로운 업무 대신에 자금 투자에 쏟아 부은 시간을 계산하면 그 비용이 얼마나 될지 좀 더 쉽게 계산할 수 있다. 회사원들 역시 투자 관리에 들어간 노력을 계산해볼 수 있다. 스트레스를 얼마나 받았는지, 여가 시간은 얼마나 줄었는지를 따져보면서 말이다.

그렇다면 비용은 어떻게 줄일 수 있을까? 만약 오일펀드처럼 당신의 미래펀드를 당신이 대부분 직접 관리한다면, 지출 비용의 상당 부분을 줄일 수 있을 것이다. 저렴한 상품을 선택하거나, 금융기관을 갈아타는 등의 방법을 통해 이 비용을 크게 낮출 수도 있다.

개인적인 거래 비용과 관련해서는, 노르웨이 사람들처럼 하는 게 최선의 방법이며, 자금 투자를 하느라 컴퓨터 앞에서 너무 많은 시간을 보내지 말기를 바란다. 노르웨이 사람들은 그들의 여가 시간에 높은 가치를 둔다. 오슬로와 그 주변 지역에서는 겨울철엔 주중에도 오후 시간이면 한 무리의 사람들이 스키 슬로프에 있고, 여름에는 하이킹을 하는 사람들도 많이 볼 수 있다.

"We are living in a happy nation(우리는 행복한 나라에 살아요)." 팝 역사에서 가장 유명한 곡 중의 하나에 나오는 가사다. 스웨덴 출신 그룹의 노래인데, 유엔 발표대로라면 이곳은 어쩌면 노르웨이를 지칭하는 것인지도 모른다. 왜냐하면 세계행복보고서(World Hapiness Report)의 가장 윗자리를 차지하는 노르웨이의 국민들은 다른 어느 나라보다 더 행복하기 때문이다. 2위는 덴마크가, 그 뒤를 아이슬란드와 스위스, 핀란드가 차례로 잇고 있다.

자유, 연대감, 건강, 그리고 일 잘하는 정부가 바로 노르웨이인들이 그들 자신을 그렇게 행복하다고 평가하는 주요 요소라고 유엔은 말한다. 물론 경제적 부도 행복감에 기여하지만, 그것만으로는 충분하지 않다. 이것은 중동의 석유부국인 카타르가 왜 겨우 65위에 이름을 올리고 있는지를 설명해준다. 돈은 절대로 자유보다 중요하지 않다.

유엔은 이 보고서에서 석유에서 비롯된 노르웨이의 부와 오일펀드에 대해서도 언급하고 있다. "노르웨이는 유가 하락 시기에도 1위를 차지하고 있다. 노르웨이는 흔히 '풍부한 석유 때문'이 아니라 '풍부한 석유에도 불구하고' 높은 행복감을 달성, 유지하고 있다고 일컬어진다. 석유를 지금 모두 써버리는 대신에, 석유를 천천히 채굴하고 그 잉여금을 미래를 위해 투자하기로 결정했기 때문에, 노르웨이는 자원이 풍부한 다른 나라들이 겪는 붐-버스트 사이클에서 벗어나는 데 성공할 수 있었다. 이런 성공을 위해선 높은 수준의 상호 신뢰, 공동의 목표, 관대함, 그리고 지도자의 올바른 통치가 필요하다."

상황을 지속적으로
파악하고 있어야 한다

노르웨이 오일펀드에 관한 책을 쓸 수 있었던 것은 그 펀드가 매우 투명하게 운용되기 때문이기도 했다. 매 분기마다 약 50페이지 분량의 보고서가 발행되고, 매년 한 번씩 이보다도 훨씬 더 포괄적인 보고서가 나온다. 노르웨이 정부의 권한에 대해서는 NBIM이 주주 총회에서 어떻게 표결권을 행사하고 있는지 인터넷을 통해 파악할 수 있으며 윤리보고서를 봐도 알 수가 있다. 연차보고서에는 연말에 오일펀드가 보유하고 있는 유가증권에 대한 상세한 개요를 포함한 현재의 모든 리스트가 속해 있다.

현재 당신이 하고 있는 투자가 얼마나 성공하고 있는지, 그리고 투자 상황이 계속 당신의 전략에 부합하는지를 파악하기 위해서는, 당신도 이와 유사한 절차를 밟아야 한다. 하지만 당신은 수십 억을 다루고 있는 것도 아니고 또 국민을 대신해서 투자하고 있는 것도 아니기 때문에, 필요한 때에 당신의 투자에 관한 핵심적인 정보들만 신속하게 얻을 수 있으면 된다.

만약 당신이 이미 가정을 꾸리고 있거나 반려자가 있다면, 당신은 이미 이들까지도 함께 보살피기 위해서 돈을 투자하고 있을지도 모르겠다. 예를 들어 학비를 위해, 함께 은퇴생활을 누리기 위해, 혹은 상속해줄 자산을 만들기 위해서 말이다. 이런 경우 관련된 사람에게 정기적으로 표를 보여주면서 포트폴리오와 현재 수익률을 함께 검토하는 것도 좋은 방법이다. 혼자만의 부를 쌓고 있는 경우라 할지라도, 이런 자료를 만들 것을 권한다.

최소한의 기장은 필요하다

포트폴리오에 대한 모든 중요한 정보를 언제든지 쉽게 이해할 수 있는 형태로 갖고 있도록 하라. 가장 중요한 것은 포트폴리오 구조다. 자산등급에 대한 분산 투자, 지리적 분배, 그리고 경우에 따라서는 소형주와 신흥경제국 주식까지 포함하고 있어야 할 것이다. 이 구조는 리밸런싱을 위한 기초이자, 당신이 정기적으로 살펴봐야 할 유일한 정보이기도 하다. 결국에는 당신이 그에 따라서 때때로 행동을 취해야 하기 때문이다.

연 투자액도 항상 염두에 두어야 한다. 당신이 매년 얼마나 많은 돈을 불입했는지, 그리고 그것이 여전히 당신의 계획과 일치하는지를 연간 투자액을 통해 살펴보도록 한다. 지속성이 얼마나 중요한지 명심하기 바란다. 비상시에만 투자율을 낮추거나 불입을 중단하도록 하라.

이 외에도 전체적인 상황을 파악할 수 있기 위해서는 언제든지 살펴볼 수 있어야 하는 다른 수치들과 정보들도 수없이 많다.

- **지난 1년 동안의 수익률:** 이를 토대로 지난 12개월 동안 당신의 투자가 얼마나 성공적이었는지, 그리고 다른 지수 및 투자 형태에 비해 얼마나 성공했는지를 파악할 수 있다.
- **투자 시작 이후의 평균 연수익률:** 이는 다소 장기적인 관찰법으로서, 수익이 오르고 내림이 반복되면서 장기적으로는 대부분 상쇄된다는 것을 이해하는 데 도움이 될 것이다.
- **총 수익률:** 당신의 투자가 비율적으로 얼마나 증가했는지, 그리고 절대적으로 봤을 때 전체적으로 얼마나 증가했는지를 평균 수익률보다 더 이해하기 쉽게 보여준다.
- **거래행위:** 여기에는 매수와 매도 및 분배(배당금)가 포함된다. 어떤 유가증권을 얼마나 매수했는지, 얼마나 많은 배당금을 받았는지를 늘 알고 있어야 한다. 이렇게 해야만 위에서 언급한 수익을 계산할 수 있다. 세금 납부액을 계산하려고 할 때에도 이러한 거래 데이터가 중요하다. 물론 당신이 내야 하는 원천세는 은행이 다 알아서 계산해주지만, 그래도 당신이 국가에 매년 얼마나 내고 있는지는 스스로도 파악하고 있어야 한다.

- **현재 가치:** 당신만의 미래펀드가 현재 얼마나 가치를 가지는지도 당연히 알고 있어야 한다. 당신이 모든 문서를 한 은행에만 맡기고 있으면 아주 간단할 것이다. 그렇지 않으면 여러 계좌를 추적해서 계산해야 한다.

투자를 시작할 때에는, 지난 12개월 동안 당신의 미래펀드의 변화를 보여주는 당신만의 간략 보고서를 1년에 한 번 작성하도록 하라. 전체 포트폴리오에 대한 결과를 볼 수 있도록 목록을 만드는 것이 가장 좋다. 각 투자 및 투자등급을 얼마나 자주 살펴볼 것인지도 잘 생각해보라. 왜냐하면 가끔은 그걸 보면서 커다란 충격을 받을 수도 있기 때문이다. 가장 중요한 것은 당신의 전략, 즉 포트폴리오 구조와 저축률을 계속해서 유지해 나가는 것이라는 점을 유념하라. 때때로 좋은 수익률과는 거리가 먼 것으로 확인될 때에도 당황하지 말라. 노르웨이 오일펀드 또한 성공으로 가는 길에 이러한 충격을 받아들여야 했고, 이는 장기성을 지향하는 자본시장의 특성 중 하나라는 점을 기억하라. 일시적인 후퇴는 장기적인 성공을 위해 감수해야만 하는 위험일 뿐이다.

> 은행들은 당신 계좌의 수익률 상황과 다른 중요한 정보들을 온라인으로 잘 제시하고 있다. 그런데 만약 더 저렴한 상품을 발견했다든지 하는 등의 이유로 당신이 금융기관을 바꾸게 된다면, 이 과거 데이터는 사라지게 된다. 또한 당신이 여러 계좌를 이용하고 있다면 이 모든 것을 하나의 포

트폴리오에 병합해서 파악해야 하기 때문에, 이러한 데이터가 크게 도움이 안 될 수도 있다. 따라서 이 데이터를 여러 개로 나눠서 취합하고 해당 데이터를 엑셀 스프레드시트에도 추가로 전송하거나 은행과는 무관한 독립적인 서비스 제공업체의 시스템에 저장해놓는 것이 좋다.

무엇보다 중요한 것은, 당신 자신과 남들에게 왜 그 돈이 다른 방식이 아닌 바로 그렇게 투자되었는지를 설명할 수 있어야 한다는 점이다. 즉, 당신의 전략을 제대로 이해하고 설명할 수 있어야 한다. 심지어 당신의 미래펀드가 제대로 타격을 받은 그런 상황에서도 말이다. 그러면 장기적으로 볼 때 그렇게 많은 돈뿐만 아니라 무엇보다도 많은 시간과 노력을 들이지 않고도 견고한 자산을 보유하게 될 것이다.

당신의 미래펀드를 만들기 위한 10단계

1. 당신이 현재 보유하고 있는 자산을 죽 살펴보고 전체적으로 파악하라. 이때 증권뿐만 아니라 부동산과 현금, 기타 중요한 유가물도 고려해야 한다. 또한 당신의 미래 수입이 얼마나 될 것이며 얼마나 안정적인지도 잘 생각해보도록 하라.

2. 당신이 무엇을 위해 투자를 하려 하고 또 얼마나 확실하게 특정 금융 목표를 달성해야 하는지 생각해보라.

3. 당신의 수입과 지출 내역을 살펴보고, 매월 얼마를 투자할 수 있으며 목표액이 얼마인지 정하라. 월 30유로를 추가로 불입하는 게 종종 생각보다 훨씬 더 쉽다는 사실도 알아두기 바란다. 이렇게 적은 금액도 장기적으로는 놀라운 추가 총액을 만들어낼 수 있다.

4. 당신에게 맞는 저축률을 정하고, 그 목표를 끝까지 밀고 나가도록 하라. 여기에는 장기간의 투자 외에, 수년간에 걸친 리밸런싱을 실시하는 것도 포함된다.

5. 단기적인 주식 손실 위험뿐만 아니라 장기적인 기회도 함께 생각해보면서, 이것을 토대로 주식 비중을 정하라.

6. 신흥공업국과 소형주에 가중치를 둘 것인지, 둔다면 얼마나

둘 것인지부터 결정하라.

7. 모든 자산등급에 대해 적절한 지수와 그에 어울리는 상품을 선택하라.

8. 부동산을 제3의 채권등급으로 받아들일 것인지를 숙고해보라. 장점과 단점을 놓고 고민해보고, 여러 시나리오를 다 돌려본 후에야 비로소 결정을 내리도록 하라. 장기적으로 더 나은 결정이라고 확신이 들 때에만 부동산을 구입하라. 이때, 잠재적인 경제적 이익 이외에 다른 측면들도 중요한 의미가 있을 수 있다.

9. 만약 당신 계좌에 약간의 돈이 저축돼 있다면, 그것을 종잣돈으로 활용하라. 만약 그 돈이 다른 주식에 투자돼 있다면, 그것들을 팔아서 차라리 당신의 미래펀드에 합치는 것을 고려해보라.

10. 당장은 쓸 곳이 없는 연말 보너스, 상속 자산 또는 기타 추가 자금도 경우에 따라선 당신의 미래펀드에 불입하는 걸 고려해보라. 이 돈으로 시장에서 다른 상품을 추가 매수하는 것도 가능하다.

6.

윤리적인 투자란
무엇인가

경제적인 성공은 수익률 또는 수익금으로 표현된다. 그러나 노르웨이는 어떠한 희생을 치르고서라도 수익을 내기 위해 애쓰는 대신, 투자를 하면서도 스스로 제시한 윤리적인 기준을 지키기 위해 노력한다. 그렇다고 해서 이것이 수익률에 꼭 부정적으로 작용하는 것은 아니다. 당신도 투자를 할 때 당신만의 윤리적, 도덕적인 기준에 따라서 지속가능성을 추구하는 것이 가능하다. 또한 이에 적합한 금융 상품들도 있다. 노르웨이 투자공식의 전략에 꼭 부합하는 상품들 말이다.

석유산업과 윤리성, 상호모순 아닐까

노르웨이는 친환경 국가로 유명하다. 노르웨이는 전력의 거의 대부분을 수력으로만 생산하고 있고, 이산화탄소를 배출하지 않는 전기차의 주행 비율도 세계에서 가장 높다. 이와 동시에 노르웨이는 세계 최대의 석유 및 가스 수출국이기도 하다. 노르웨이 경제력의 상당 부분은 바로 이 때문이고, 노르웨이가 해외에 그토록 많은 돈을 투자할 수 있는 것도 바로 이러한 이유에서다. 노르웨이 오일펀드는 이런 화석 연료의 수출로 인해 얻은 수익으로 운영되고 있는 것이다. 우리는 석탄뿐만 아니라 석유의 소비도, 그리고 소량이기는 하지만 가스의 소비 또한 주요 환경오염원이라는 사실을 다들 알고 있다. 전기 에너지 생산과 자동차 동력을 얻기 위해 앞으로도 계속 석유에 의존할 수밖에 없으며 이로 인해 지구온난화도 더욱 심해지고 있는 것이 사실이다.

노르웨이와 노르웨이 오일펀드가 현재 특별히 윤리적으로 책임 의식을 가지고 있다고 말한다면, 언론에서 반복적으로 언급되고 있는 것처럼 이는 이중 잣대라고도 말할 수 있을 것이다.

이에 대한 고전적인 반론은 다음과 같다. "만약 우리가 하지 않으면 다른 누군가 그것을 할 것이다." 다시 말해, 노르웨이가 석유를 채굴하지 않고 수출하지 않는다면, 러시아나 사우디아라비아가 그렇게 할 것이라는 이야기다. 그리고 이들 국가는 채굴 과정에서 더 큰 환경 문제를 야기할 가능성이 높다. 그리고 이는 어느 정도 진실이다. 노르웨이와 노르웨이 오일펀드는 다른 많은 국가나 투자자들보다는 확실히 더 책임감을 가지고 행동한다. 예를 들어, 2016년 노르웨이는 열대우림의 파괴를 가속화하는 상품을 정부가 더 이상 구입하지 못하도록 결의한 지구상의 첫 번째 국가였다. 즉, 노르웨이 정부는 한편으로는 글로벌 경제의 일부로서 환경 파괴에 참여하고 있지만 이와 동시에 그 영향력을 줄이기 위해 노력하고 있다. 오일펀드는 경우에 따라 특정 기업들에 더 이상 투자하지 않기로 선언함으로써 이러한 사실을 분명히 한다.

처음에 노르웨이 오일펀드는 분명한 윤리 규정이 없었다. 노르웨이 중앙은행은 이에 대한 정치권의 요구를 너무 돈이 많이 들고, 위험하고, 복잡하다며 깎아내렸다. 그러나 책임감 있는 정치인들이 결국에는 요구사항을 관철시키는 데 성공했다. 그래서 2004년부터 노르웨이 오일펀드는 윤리 지침과 윤리 위원회를 두고 있다. 현재 노르웨이의 윤리 기준은 폭넓은 지지를 받고 있으며, 국제적으로도 많은 관심의 대상이 되고 있다.

블랙리스트에서는 손을 떼라

노르웨이 재무부는 노르웨이 오일펀드가 투자 시에 따라야 할 윤리 지침을 채택했다. 기업이 어떤 일을 하는 것이 합법적인지를 규정하는 것만으로는 충분치가 않았기 때문이다. 노르웨이는 여기에서 더 나아가 기업의 관행이 윤리적, 도덕적 가치를 준수해야 한다고 판단했다. 현재 노르웨이가 용납할 수 없다고 정한 기업 관행으로는 다음과 같은 것들이 있다.

- 대규모 또는 체계적인 인권 침해
- 심각한 환경오염
- 탄소 연료에 대한 높은 의존성
- 과도한 온실가스 배출(이는 환경오염 기준에도 해당될 수 있다. 다만 노르웨이 오일펀드의 지침이 이러한 배출 사항을 명시적으로 열거하고 있다는 것은, 펀드가 이로 인한 피해에 대해 특별히 커다란 중요성을 부여하고 있으며 이는 절대로 용납할 수 있는 환경오염이라는 점을 분명히 하고 있는 것이

다. 이와는 별개로, 이 '과도한'이라는 개념의 정의에 대해서는 아직까지 해석의 여지가 있는 것 또한 사실이다.)

- 집속탄 같은 특정 무기의 생산(다시 말해 무기 제조사가 원칙적으로 배제되어 있는 것은 아니다.)

- 담배 제조

- 심각한 부정부패(여기에 대해서도 해석의 여지가 있으며, 해당 기업을 제외시키기에 충분한 경우인지 여부를 결정하는 건 노르웨이 중앙은행의 관할 사항이다.)

이에 따라 노르웨이 오일펀드는 예를 들어 집속탄이나 핵폭탄의 제조에 참여하고 있는 기업(참고로 여기에는 항공기 제작사인 보잉과 에어버스도 해당된다), 노동자의 기본 권리를 침해하는 기업, 또는 석탄 사용을 통해 기후변화를 가속화하고 있는 기업에는 투자하지 않는다. 위에서 언급된 이러한 기준만으로 충분한지에 대해서는 아직까지 논란의 여지가 있지만, 어쨌든 확실한 건 뭐든 시작이 중요하다는 점이다. 기업이 노르웨이 오일펀드의 윤리 기준에 반하는 행동을 하게 되면, 이들 기업의 주식이나 채권은 5명으로 구성된 윤리위원회가 정하는 블랙리스트에 오르게 된다. 이러한 투자 대상 제외가 실제로 잘 이루어지고 있는지 감시하고 블랙리스트를 인터넷에 공개하는 일은 2015년까지만 해도 노르웨이 재무부가 담당했지만 지금은 노르웨이 중앙은행이 맡고 있다. 노르웨이 오일펀드는 이에 따라서 해당 지분을 매각하거나 아예 매수하지 않는다.

오일펀드의 블랙리스트는 지속적으로 보완 및 확대되고 있다.

투자 제외 주요 기업

다양한 윤리적인 이유로 인해 노르웨이가 현재 투자하지 않고 있는 주요 기업들은 다음과 같다.

1. 타타 파워: 인도의 최대 전력기업으로서, 복합그룹 타타가 대주주다(석탄에 대한 높은 의존도).
2. 록히드 마틴: 미국의 무기기술 그룹(핵무기 생산에 참여)
3. 허니웰 인터내셔널: 미국의 대형 복합그룹(핵무기 생산에 참여)
4. 에어버스: 유럽의 항공기 제조사(핵무기 생산에 참여)
5. 보잉: 미국의 항공기 제조사(핵무기 생산에 참여)
6. 필립 모리스: 미국의 담배 그룹(담배 제품의 생산)
7. 월마트: 미국의 소매체인(인권 침해)
8. 대우 인터내셔널: 한국의 복합그룹(심각한 환경오염 유발)
9. 리오 틴토: 영국 호주계 광산그룹(심각한 환경오염 유발)
10. ZTE 코퍼레이션: 중국의 텔레콤 그룹(부정부패)

노르웨이 오일펀드의 최신 블랙리스트는 www.nbim.no/en/responsibility/exclusion-of-companies/에서 확인할 수 있다.

대주주의 힘

오일펀드의 투자 대상에서 제외된다는 것은 기업의 아킬레스 건을 건드리는 것과 같다. 그들의 자금줄을 틀어막는 것이기 때문이다. 노르웨이 오일펀드가 (더 이상) 자본을 제공하지 않겠다고 밝히는 것은 세계 최대의 투자자 중 하나가 그 주식을 보이콧한다는 뜻이다. 따라서 증자 시에 자금력 있는 투자자가 줄어든다는 의미이고, 이로써 주식시장에서 좋은 가격에 신선한 자금을 공급받을 수 있는 가능성이 그만큼 낮아진다.

노르웨이 오일펀드의 투자 배제 결정은 바로 언론의 비상한 관심을 끌고, 해당 기업을 위협하는 수많은 부정적인 보도들이 쏟아진다. 예를 들어, 노르웨이 오일펀드가 윤리 규칙을 마련한 직후 투자 대상에서 제외하기로 한 기업 중에 월마트가 있었다. 이같은 결정에 대해 영국의 〈가디언〉은 "최대의 연금 펀드, 월마트를 보이콧하다(Biggest funds boycotts the Wal-Marts)"라고 보도했고, 미국의 경제전문지 〈포춘〉은 "월마트에 대한 노르웨이의 결정: 우리는 귀사의 주식을 원하지 않는다(Norway to Wal-Mart: We don't want your shares)"라는 제목으로 기사를 내보냈다. 월마트가 아동 노동을 허용하고 근로자들에게 무급 초과근무를 강요함으로써 인권과 노동자의 권리를 심각하게 침해했다는 것이 그 이유다. 노르웨이 주재 미국 대사의 항의도 아무런 도움이 되지 않았다. 오히려 그 덕분에 노르웨이 오일펀드는 전 세계적으로 커다란 반향을 불러일으켰다. 노르웨이의 의식적인 투자 배제 결정 덕분에 월마트가 직원들을 얼마나 심하게 대했는지가 널리 알려진 것이다.

노르웨이 오일펀드가 내리는 결정은 바로 〈파이낸셜타임즈〉와 〈월스트리트저널〉에 보도되었고, 독일의 〈쥐트도이체차이퉁〉은 다음과 같이 보도했다. "노르웨이 오일펀드가 의식적으로 투자를 하지 않겠다는 결정을 내리면, 그건 거의 정치적으로 해석된다." 언론의 이러한 부정적인 보도는 다른 투자자들에게는 물론이고 소비자들에게도 그 기업에 대한 부정적인 인상을 심어준다. 게다가 투자자들은 해당 기업이 이로써 그들 주식을 되팔 수 있는 큰손 투자자 하나를 잃었다는 사실까지 알게 된다.

NBIM이 투자 대상 제외 기업을 결정하기 시작한 이후, 오일펀드 관리부서는 윤리위원회의 제안에 따라 두 개 기업을 투자 대상으로 재허용한다고 선언했다. 싱가포르 기술 엔지니어링(대인지뢰 생산 참여 때문에 2002년에 배제됐음)과 방산업체인 레이시언(Raytheon)(집속탄 생산 때문에 2005년에 배제됐음)이 바로 그들이다. 두 기업 모두 노르웨이 오일펀드로부터 더 이상 자금을 받지 못하게 된 후에 행동에 변화를 보였다. 이에 대해 NBIM은 오일펀드가 정확히 어떤 영향을 미쳤는지 모른다고 밝히고 있다.

이 블랙리스트는 노르웨이 오일펀드의 윤리 의식을 가장 잘 대변하고 있다. 그러나 NBIM 경영진은 자신들이 지분을 갖고 있는 기업에 대해서 직접적인 영향력을 행사하기도 하며, 주주총회에서 의결권을 행사함으로써 최소한의 영향력을 행사하려는 시도를 한다. 만약 NBIM이 주주총회에서 반대표를 던지면, 곧바로 주목의 대상이 된다. 이런 방법을 통해서 노르웨이 오일펀드는 단순히 이사진들의 연봉을 좌우하는 결정을 넘어서, 공정한 결정을 내려야 한다는 오일펀드의 기본 원칙을 관철해내고 있다. 2017년 5월 폴크스바겐 총회에서 노르웨이 오일펀드는 폴크스바겐 측의 권고에 반하여 이사진과 감독위원회 위원들의 해임을 거부했으며 이로써 오일펀드의 불만 의사를 분명히 표출했다. 애플과 페이스북, 로슈, SAP 및 UBS에서도 노르웨이 오일펀드는 경영진의 권고에 반하는 표를 수차례 던지면서, 가령 설립자의 힘을 제한하도록 요구하거나(페이스북), 아니면 감독위원회를 해임하지 말 것을 촉구했다(SAP). 거대 석유기업인 셰브론과 엑슨에서는 기후변화에 미치는 영향을 좀 더 자세하게 조사해야 한다는 다른 주주들의 제안을 지지하기도 했다. 노르웨이 오일펀드의 이런 모든 결정은 온라인에서 확인 가능하다.

펀드의 영향력

이 외에도 노르웨이 오일펀드는 포지션 페이퍼(position paper)를 발행한다. 최근 NBIM은 특히 오일펀드가 투자하는 다국적 기업들을 대상으로 의심스러운 구조를 통해 세금 납부를 숨기지 말고 투명하게 공개할 것을 요구했다. 오일펀드는 종종 기업과 직접적으로 접촉하고, 경영진들을 만나고, 또 정보를 요구한다. 이런 식으로 NBIM은 가령 기업들이 귀중한 자원인 물을 어떻게 처리하고 있는지, 기후변화의 도전들을 어떻게 준비하고 있는지, 오염물질 배출량은 어떻게 줄이고 있는지를 조사하고 있다. 시리아에서 터키로 건너온 많은 난민들 문제와 관련해서는, 노르웨이 오일펀드가 지분을 갖고 있는 섬유 기업들을 대상으로, 터키의 협력업체들이 불법 고용을 통해 이들의 노동력을 착취하고 있는 것을 막기 위해서 어떤 노력을 기울이고 있는지를 알아내려고 했다. 이는 비정부기구들이 계속해서 제기하고 있는 것과 같은 질문들로서, 기업들의 윤리적 행동을 촉구하고자 하는 첫 번째 단계이기도 하다. 노르웨이 오일펀드가 행하고 있는 많은 윤리적 활동들에 대한 상세한 내용은 책임 있는 투자에 관한 연차보고서를 통해 살펴볼 수 있다.

주식은 회사에 대한 지분이며, 이 회사에 참여하고 있는 사람은 누구나 공동 의사결정권을 갖고 있다. 일반적으로 각 주식은 주주총회에서 한 표씩을 가진다. 다수의 주식을 가진 사람은 힘을 갖는다. 그러나 다양한 소수 권리도 존재한다. 그래서 타기업에 인수되는 것도 주주의 4분의 1이 힘을 합치면 막을 수 있다. 이른바 의결 저지권(blocking minority)에 필요한 비율은 25%다. 또한 모든 주주는 주주총회에 참석해서 그곳에서 발언할 권리가 있다. 여기에는 많은 노력과 비용이 수반되기 때문에 대다수의 소액 주주들이 행사를 꺼리는 권리이기도 하다. 하지만 적어도 한 번은 그러한 행사에 참석해볼 만한 가치가 있다. 입장권으로는 주식 하나면 충분하다. 그러고 나면 당신은 회사를 운영하는 방법에 대해 조금 더 잘 알게될 것이고, 아마도 주식법과 대기업의 경영이라는 것이 얼마나 복잡할 수 있는지에 대한 인상도 받게 될 것이다. 물론 단 한 주의 주식으로는 주주총회에서 거의 영향력을 갖지 못할 것이다. 그러나 소액 주주들이라고 해도 약간의 힘은 행사할 수 있다.

개인 투자자들을 위한 윤리 지침

노르웨이 오일펀드가 특정한 기준을 지키고자 하는 것과 마찬가지로, 많은 개인 투자자들도 어느 정도는 자신만의 기준에 따라 투자한다. 모든 사람들이 석탄 생산업체나 항공사에 자본을 제공하고 싶어하지는 않는다. 결국 이들 기업은 특히 기후에 해를 끼치는 행위를 통해 이익을 얻고 있으니까 말이다. 무기 제조사나 원자력산업 부품 공급업체들 또한 분명 모든 사람들의 취향에 맞는 건 아니다. 또한 노조 업무를 방해하는 회사들도 있고, 세금 납부를 교묘하게 회피하고 있는 회사들도 있다. 이 모든 것이 어떤 나라에서는 합법일 수도 있지만, 많은 개인 투자자들은 이걸 부당하다고 받아들인다. 노르웨이 오일펀드와 마찬가지로, 당신도 이 모든 회사들에 대한 투자를 철회할 수 있다.

만약 당신이 개별 주식들에만 투자한다면, 그건 비교적 간단하다. 당신이 용인할 수 있는 비즈니스 모델을 가진 기업들의 주식 중에서 선택하기만 하면 되기 때문이다. 민간 투자자에게 좀 더 저렴하고 다양한 투자 형태를 제시한다는 점 때문에 선호되고 있는

ETF의 경우에는 조금 다르다. ETF는 일단 한 지수의 모든 증권에 투자한다. 그래서 당신이 투자자로서 ETF를 통해 모든 기업에 투자하게 된다면, 그들 모두에게 자금을 제공할 수밖에 없게 된다.

그런데 다행히도 최근 들어서는 지속가능성 ETF 또는 윤리적인 ETF가 출시되고 있다. 이런 ETF에는 노르웨이 오일펀드와 마찬가지로 당신의 윤리 기준에 맞지 않는 특정 기업들에 대한 투자가 제외되어 있다. 결국, 이런 특수한 형태의 지수를 만드는 것은 지수 제공자들이다. MSCI에서 끝에 SRI(Socially Responsible Investment, 즉 사회적 책임투자)라는 명칭이 붙은 지수들은 다음 산업 분야에 속한 기업들을 투자에서 배제하고 있다.

- 알코올
- 원자력
- 유전자조작식품(GMO)
- 복권
- 군사 무기
- 포르노그래피
- 담배
- 민간 살상 무기

일반적으로 이러한 제품들의 생산자뿐만 아니라, 해당 제품의 판매를 통해 매출의 5% 이상을 창출하고 있는 기업도 투자 대상에서 배제된다. 즉, 알코올 제조업만 제외되는 것이 아니라, 알코올 판매를 통해 상당한 수익을 올리고 있는 대기업들도 제외되는 것이다.

> MSCI를 포함해 지속가능 지수들에 대한 비판이 계속해서 제기되고 있다. 예를 들어 화학기업 바이엘이나 굴지의 석유기업 토탈 등 아직 문제가 있는 상당수 기업들이 제외되지 않았다는 것이다. 당연히 많은 사람들이 이런 기업들에는 자신의 돈을 투자하고 싶어 하지 않는다. 그렇기 때문에 이러한 비판은 어느 정도 타당하다고 할 수 있다. 그러나 MSCI는 이들 기업이 각자의 부문에선 가장 모범적인 기업에 속하며 그렇기 때문에 상대적으로 지속가능한 투자라고 볼 수 있다고 주장한다. 이러한 주장을 무조건 부인할 수는 없다. 어쨌거나 윤리적인 표준을 전혀 개념치 않는 것보다는 지속가능한 지수를 모방하는 편이 더 낫기 때문이다. 윤리적 ETF도 완벽하지는 않다는 사실이 지속가능성에 대한 투자를 시도조차 하지 않는 구실이 되어서는 안 될 것이다.

MSCI는 어떤 점에서는 노르웨이 오일펀드보다도 더 엄격하고 또 어떤 점에서는 덜 엄격하다. 예를 들어, 자유를 사랑하는 노르웨이인들은 플렌스부르크의 성인용품 기업인 베아테 우제(Beate Uhse)의 작은 지분을 유지한다거나(물론 경제적인 측면에선 좋은 투자가 아니었다. 베아테 우제는 2017년 말 파산 신청을 했다) 아니면 알코올 제조업체에 투자하는 것에 아무 문제가 없다고 보고 있다. 대신 노르웨이는 MSCI와는 달리 환경에 해를 끼치는 석탄 업체를 배제하고 있다.

반면에, 무기 제조사들에 대해서는 또 약간의 관대함을 보인다. 특별히 찬반 논란이 일고 있는 핵무기나 지뢰 같은 무기를 제조하는 곳들만 투자에서 배제하고 있을 뿐이다. 2016년 말 노르웨이 오일 펀드는 독일의 무기 그룹 라인메탈(Rheinmetall)의 지분 2.9%를 보유하고 있다.

결국 윤리는 당연히 우리 자신의 가치 문제이기도 하다. 요구하는 바가 까다로울수록, 그걸 충족하는 상품을 찾기가 더 어렵다. 어쨌거나 MSCI SRI를 매수하는 건 앞서 언급된 상품의 제조사만 배제하고 있는 MSCI 같은 전체 지수에 투자하는 것보다 윤리적으로 상당히 앞서나가는 것임에 분명하다. MSCI는 SRI의 배제 요건에 더해 이른바 '등급 최고'라는 절차까지 결합하고 있다. 이는 MSCI가 위의 상품들을 제조하는 기업들만 배척하는 것이 아니라, 남은 기업들 중 최고의 기업만 SRI 지수에 포함시킨다는 뜻이다. 환경, 사회, 그리고 기업 경영 측면에서 최고로 평가되는 기업들만 이 지수에 들어올 수 있다. 이러한 기준들은 보통 영어 약자로 표기된다. 그래서 가령 ESG라는 세 글자는 환경(Environmental), 사회(Social) 그리고 거버넌스(Governance)를 의미한다. 환경 표준과 노동자 권리에 크게 반할 경우, 투자 배제로 이어진다. 그렇지 않을 경우에는 앞의 세 분야에서 해당 기업이 다른 기업들보다 더 잘하고 있는 것으로 볼 수가 있다.

MSCI가 원래 의도했던 대로 그렇게 투명하지 않다고 주장하는 목소리도 있지만, 윤리적인 투자상품인 SRI ETF를 매수하는 것이 일반 ETF를 매수하는 것보다 분명 더 바람직하다고 할 것이다.

윤리적 투자의 장점은 다음 두 가지로 요약된다.

1. **수동적으로 투자하기보다는. 당신이 생각하기에 특별히 윤리적으로 경영되는 기업에 더 많은 자본을 제공할 수 있다.**

    이렇게 하면, 당신은 미래펀드의 일부를 특별히 윤리적 기준을 따르는 기업에 투자하고 이로써 그 회사의 파이낸싱에 참여할 수 있다. 이를 통해 수익도 거둘 수 있음은 물론이다. 이러한 투자는 오일펀드의 환경 포트폴리오에 비교할 수 있다. 이와 관련해선, 가령 환경 부문의 기업에만 투자하는 특수 ETF도 있다는 사실을 알아두기 바란다. 노르웨이 오일펀드가 적은 비율이긴 하지만 그걸 어떻게 특별한 방식으로 투자하고 있는지 유의해서 지켜보도록 하라.

    개인 투자자로서 당신은 그렇게 눈에 띄는 참여는 어려울 것이다. 그러나 점점 많은 사람들이 유사한 행동을 취할수록, 해당 기업은 이를 더 강력하게 느끼게 된다. 어쩌면 당신은 오일펀드처럼 그렇게 다른 사람들에게 영감을 줄 수도 있다. 소액으로도 더 많은 것을 달성해낼 수 있는 방법을 찾다 보면 상업적인 크라우드 펀딩 프로젝트에 참여하는 것도 생각해볼 수 있을 것이다. 이런 프로젝트는 전통적인 증권거래소에는 더 이상 투자하지 않겠지만, 환경 투자를 위해서는 지수에서 벗어난 투자도 허용하고 있기 때문에 어느 정도는 오일펀드의 노선을 따른다고 할 수 있다.

2. 노르웨이 오일펀드처럼 주주총회에서 의결권을 행사하고 이로써 영향력을 행사할 수 있다.

오일펀드와 달리 ETF 투자자는 주주총회에서 의결권을 행사할 수 없다. 의결권은 오직 EFT 경영진에게만 주어진다. 그런데 기업에 대한 통제와 영향력을 행사하기 위해서는 의결권을 가져야만 한다. ETF와 달리 개별 주식은 이것이 가능하다. 하지만 개별적인 개인 투자자들은 상장 주식회사에 대한 의결 과정에서 결정적인 영향을 미칠 만큼 그렇게 많은 의결권을 갖고 있지 않다. 그렇게 되려면 상당한 주식을 보유한 엄청나게 부자여야 할 것이다.

그러나 아무리 그 힘이 작다고 해도 각 개별 주주들은 주주총회에 참석하고 그곳에서 발언할 권리가 있기 때문에, 자신의 작은 의결권 행사를 통해 영향을 끼칠 수 있는 어느 정도는 잠재적인 힘을 가지고 있다. 노르웨이 오일펀드가 청정 기업에 더욱 많이 투자하려고 시도하고 있는 것처럼, 당신도 비록 적은 비율이기는 하지만 특정 펀드를 통해 특정 기업의 주식을 의도적으로 매수함으로써 그 기업의 비즈니스 관행에 영향을 미칠 수 있다. 이러한 시도를 두고 너무 순진한 발상이 아니냐고 깎아내리는 사람들도 있겠지만, 그래도 정말 적은 액수만으로 조금은 영향을 미칠 수 있는 방법임에 분명하다.

당신의 윤리적·도덕적 가치와 당신의 투자를 조화시키는 5가지 방법

1. 아무런 지속가능성 기준도 없이 한 지수를 그대로 모방하는 그런 표준 상품을 선택하는 것에 만족하지 말라.

2. 그 대신, 특정 부문을 배제하고 등급 최고의 원칙을 추구하고 있는 변형 상품을 선택하라. MSCI의 지수와 관련된 ETF의 경우라면, SRI(사회적 책임투자)라는 말이 붙은 것이 그러한 상품이다. 또한 등급 최고의 기준만 취급하는 상품엔 ESG(환경, 사회, 거버넌스)라는 단어가 사용된다.

3. 주요 주주협회에 당신의 의결권을 넘기는 등의 방법을 통해 당신 자금의 일부를 당신의 가치를 표현하는 데 사용하는 것을 생각해보라.

4. 스스로 늘 비판적인 자본 투자가가 되고, 언론을 통해 세계 경제 현황을 늘 파악하고 있도록 하라. 이는 시장의 움직임을 더 잘 이해하는 데에도 도움이 된다.

5. 이외에도, 노르웨이 오일펀드와 마찬가지로, 당신의 미래펀드 일부를 의도적으로 아주 특정한, 가령 친환경 기준에 따라 선택한 그런 기업에 투자하도록 하라. 이와 관련된 특수

ETF들도 나와 있다. 그러나 우리가 추구하는 분산 투자의 원칙에서 너무 크게 벗어나지 않도록 하기 위해, 이 펀드의 비중은 너무 높지 않게 유지해야 할 것이다.

7.

타인의 실수에서
배울 수 있는 것들

일반적으로, 지혜로운 투자 방식 만큼이나 돈을 다루는 방법 또한 학습을 통해 터득할 수 있다. 노르웨이 역시 풍부한 석유 매장 사실이 알려진 이후 수업료를 톡톡히 지불해야 했다. 노르웨이 오일펀드가 설립되기 전까지는 많은 것이 잘못되었다. 오일펀드가 투자자들의 모범으로 여겨지고 있는 지금도 노르웨이의 투자 전략에는 당신이 개인 투자자로서 받아들여야 할 부분만 있는 것은 아니다. 반대로 따라하지 않아야 할 부분도 있다. 이 장에서는 바로 이러한 점이 무엇인지, 그리고 어떻게 하면 당신이 이보다 더 잘할 수 있는지를 살펴보도록 하겠다.

잃어버린 수십 년

노르웨이는 석유 매장 사실을 발견하고 개발하기 시작한 이후 오랜 시간을 낭비했다. 풍부한 자원을 발견한 다른 많은 나라들이 저지르는 똑같은 실수를 저지르면서, 그 자원으로 미래를 준비하는 대신에 그것으로 당장 분에 넘치는 생활을 하면서 말이다.

오일펀드가 설립되고 난 이후 수십 년 동안 돈을 다루는 노르웨이의 방법은 꽤 모범적이다. 좋은 사례도 있지만 나쁜 사례도 있고, 둘 모두에서 우리는 뭔가를 배울 수 있다. 결국에는 우리 스스로가 실수를 하는 것보다 타인의 실수를 통해서 뭔가를 배우는 것이 더 낫다. 그렇기 때문에 우리는 이 자리에서 '오일펀드 이전' 노르웨이의 금융사로 훌쩍 넘어가보고자 한다.

노르웨이 오일펀드는 1996년 첫 투자금과 함께 조성됐다. 그러나 노르웨이 앞바다에서 석유가 나오기 시작한 것은 이미 1970년대 초부터였다. 그러니까 이 26년 동안 일어난 일은 절대 따라 하면 안 되는 정말로 끔찍한 예라고 하겠다. 필립스석유가 노르웨이 앞바다에서 처음으로 석유를 채굴했을 때, 노르웨이는 석유에서 비롯되는 수입을 이용해 해외에서 막대한 자산을 쌓을 생각은 눈곱만큼도 하지 않았다. 1960년대 관료들은 협상을 아주 잘했고, 그래서 이 방법으로 다국적 기업들뿐만 아니라 노르웨이 기업들도 이 석유 사업에 목을 매도록 만들었다. 이렇게 번 돈을 이후 수십 년 동안 넘치도록 써댔다.

석유가 발견된 당시만 해도 노르웨이 사회는 지금과 크게 달랐다. "단 하나의 TV 채널만 있었고, 상점의 영업시간도 엄격하게 제한되어 있었다"고 얼링 스테이검(Erling Steigum)은 회상한다. 오슬로에 있는 BI 대학교의 경제학 교수인 그는 노르웨이 오일펀드 연구에 있어서 손꼽히는 학자 중 한 사람이다. "크리스마스 무렵에 석유가 어떻게 처음으로 발견됐는지 난 지금도 생생하게 기억한다. 다들 노르웨이가 그걸로 이제 어떻게 할지 궁금해 했지만, 그것이 그렇게 엄청난 사업이 될 거라고는 아무도 상상하지 못했다"라고 그는 말한다.

처음에 노르웨이 정부는 국내 경기를 부양하는 데에 이 석유 사업을 이용했다. 이건 너무나도 유혹적이었다. 왜냐하면 1973년 석유 위기가 닥쳤을 때 노르웨이는 세계적인 불황으로 고통 받긴 했어도, 유가의 급격한 상승으로 인해 혜택을 받았기 때문이다. "정책 입안자들은 미래의 석유 수익을 예상해 더 많은 빚을 졌다. 그래서 실제로 돈을 손에 쥐기도 전에 돈을 써대면서 지금과는 정반대로 행동했다"고 스테이검은 말한다. 석유 수익에 의한 국내 수요의 큰 증가는 노르웨이의 인플레이션 상승률을 높였지만, 대신에 다른 선진국들보다 더 높은 연평균 성장률 덕분에 최부유국 리스트에서도 위쪽에 자리하게 됐다.

그러나 이러한 전략은 1970년대 말부터 삐걱거리기 시작했다. 노르웨이의 수출이 충격을 받았고, 그로 인해 경제 전체가 타격을 입었다. 그러나 다시 한 번 노르웨이는 전 세계를 강타한 오일쇼크의 수혜자가 되었다. 1979년 이란 혁명 이후 유가가 또 한 번 뛴 것이다. 노르웨이는 마치 은행으로부터 추가 대출을 받은 사람처럼 그렇게 숨을 쉴 수 있었다. 하지만 그건 노르웨이 정부가 계속해서 펌프질을 하고 있다는 것을 의미했다. 즉, 노르웨이 경제는 석유 수익에 의해 버티고 있었다. 1986년 유가가 다시 급락하면서, 이제 이런 식으로는 더 이상 지속가능하지 않다는 것이 분명해졌다.

수렁에서
벗어나는 길

경제학자들은 이미 여러 차례에 걸쳐 펀드 아이디어를 내놓았다. 석유 사업에서 비롯된 수익금을 금융 자산으로 전환함으로써 앞서 이미 언급한 적 있는 강력한 환율 등 국민경제에 미치는 부정적인 영향을 줄이도록 해야 하다는 것이었다.

경제학 교수인 스테이검은 노르웨이 오일펀드의 아버지 중 한 명으로 꼽힌다. 1988년 그가 이끄는 전문가 집단은 노르웨이 재무부에 보고서를 제출하며, "노르웨이가 현재 엄청난 국제수지 적자 상태를 보이면서 석유를 마구 퍼내고 있는 것은 미래 세대에 큰 부담을 지우는 것이다"라고 분명히 못 박았다. 이와 함께 "노르웨이가 안고 있는 빚을 청산하고, 해외 투자를 늘려나감으로써 사회 전체가 합리적인 방식으로 자산을 창출하고 또 환경과 천연자원을 관리해나가야 한다"고 했다. "물론 단기적으로는 현재의 소비를 희생시킬 수 있다. 그러나 자원의 단기적 이용에 기초한 소비는 장기적으로 지속가능하지 않을 것이다"라고 밝혔다. 다른 전문가 그룹들도 이미 그 전에 이와 유사한 제안들을 제시한 바 있었다.

이렇게 해서 마침내 노르웨이 오일펀드 조성에 대한 아이디어가 탄생하게 됐다. 하지만 최초로 돈이 여기에 흘러들어가기까지는 이로부터 8년이 더 걸렸다. 1990년 6월 22일 노르웨이 의회는 국영 오일펀드 조성에 대한 법률을 통과시켰다. 그리고 1995년 노르웨이가 순외채를 완전히 갚은 후, 석유와 가스를 이용한 정부 사업에서 비롯되는 수입이 이 펀드로 유입되기 시작했다.

최초의 결정

오일펀드는 오직 해외에만 투자해야 한다는 점이 처음부터 분명히 명시됐다. 자국 통화인 크로네의 강세를 막기 위해서였다. 또한 펀드의 대부분은 미래를 위해 재투자되어야 하고, 정부 예산에는 아주 일부만 사용될 수 있도록 했다. 마구잡이로 국고에 석유 자금을 쏟아붓던 과거에 비하면 훨씬 더 적은 금액이었다. 석유 사업에서 비롯된 모든 수익금은 일단은 무조건 펀드로 불입되고, 그리고 나서 국가가 운용할 수 있도록 한 것이다. 이렇게 펀드 수익의 쓰임새에 대해 매우 엄격한 제약을 두어 한번 펀드에 들어간 돈을 다시 빼내는 것을 상당히 어렵게 만들었다.

1996년 5월, 최초의 자금이 오일펀드로 들어갔다. 이 종잣돈은 점차 불어나서 2017년 최초로 1조 달러를 넘어섰는데, 1996년 당시 노르웨이 인구 수인 437만 명의 1인당 투자금액인 약 54유로는 2017년 160,000유로라는 엄청난 금액이 됐다. "내가 재무장관이었을 시절, 1996년 5월 31일 펀드가 최초로 조성됐을 때만 해도, 금액이 그렇게 커질 줄은 정말 상상 못했다"고 시그베른 욘센

(Sigbjørn Johnsen) 당시 재무장관은 그 기념비적인 날로부터 만 20년이 조금 못 되는 시점에 내게 말했다.

노르웨이 오일펀드에서
받아들이면 안 되는 것

노르웨이 오일펀드는 모범적인 투자자다. 그러나 개인 투자자인 당신에게 이 펀드는 또한 부정적인 롤모델이 될 수도 있다. 이제 당신은 노르웨이 전략 중에서 어떠한 점을 당신이 받아들여서는 안 될지를 아주 구체적으로 배우게 될 것이다. 그리고 이것을 어떻게 하면 당신이 더 잘할 수 있을 것인지에 대한 제안도 함께 제시돼 있다. 이것을 당신의 미래펀드를 더욱 크게 키우는 지침으로 고려해주길 바란다.

지나치게 많은 정보

이미 꽤 오래전부터 NBIM은 홈페이지 www.nbim.no에 오일펀드의 시장 가치를 실시간으로 올리고 있다. 사실상 쉬지 않고 변하는 이것은 정말로 매력적인 장난감이다. 펀드의 규모를 시시각각 쫓는 기자들에게는 더할 나위 없다.

하지만 개인투자자들이 이런 툴을 사용한다는 것은 현실적으로 어려울 뿐만 아니라, 혼란을 야기할 수도 있다. 즉, 당신의 투자

현황과 변동 상황에 관한 기본적인 사항은 알고 있어야 하겠지만, 너무 많은 데이터는 피하는 것이 좋다. 예를 들어, 각 종목의 장부 내역이 중요할 수도 있으나 손익계산서까지 들여다볼 필요는 없다. 당신이 예상하지 못한 플러스와 마이너스의 추세를 시시각각 따라가다 보면 계획에 없는 매도와 매수를 하게 될 수도 있는데, 이는 노르웨이 모델과는 거리가 먼 투자 방식이다.

너무 많은 혹은 너무 적은 투자

노르웨이는 애플, 네슬레 및 BMW와 같은 그룹에 엄청난 액수의 돈을 투자하기도 했지만, 반면에 아주 적은 돈을, 때로는 몇 천 유로도 되지 않는 금액을 투자한 기업들도 꽤 많다. 이런 투자로 연 200%의 수익률을 낸다고 해도, 그 수치가 오일펀드에 크게 기여하지는 않는다. 어쩌면 오일펀드의 애널리스트가 투자 종목을 선택하고 매수하는 데 보낸 시간이 다른 데 사용됐다면 더 좋았을 수도 있는 그런 것이다. 또한 이러한 소액 투자의 상당수는 일반 개인들로서는 전체적으로 파악하기가 매우 힘들다.

폭넓은 분산 투자는 중요하다. 이건 당신도 이미 알고 있다. 하지만 모든 투자에는 거래 비용이 수반된다는 점을 늘 명심하고 있어야 한다. 여기에는 매수 및 매도에 따른 수수료뿐만 아니라, 당신이 투자 종목을 선택하고, 지시를 내리고, 또 당신의 장부에 기록하기까지 소요되는 모든 시간도 포함된다. 투자 규모가 작을수록, 그 거래 비용은 상대적으로 커진다. 따라서 최소 금액 단위로 매수하지 말고, 일정 비용의 사용을 정당화해줄 수 있는 개별 투자당 최저 금액 또는 당신의 계좌 가치에 대한 최저 비율을 확정해놓도록 하라. 매월 한 상품에 정기적으로 30유로씩 넣는 방법도 장기적으로 의미가 있다. 왜냐하면 은행은 보통 자동이체식 투자상품에 대해서는 수수료를 낮게 책정하거나 아예 받지 않기 때문이다. 반대로 일회성 투자는 일반적으로 수수료가 좀 더 높기 때문에 이왕이면 한 번에 좀 더 큰 금액으로 투자하는 것이 좋다.

너무 많은 일

노르웨이 오일펀드는 어느 정도 적극적으로 관리되고 있지만, 좀 더 자세히 들여다보면 이 펀드는 DAX와 다우존스 같은 대형 지수의 개별 종목에 광범위하게 투자돼 있어 벤치마크(FTSE)와 비교해 적극적이고 급진적으로 운용되고 있지는 않다. 가중치는 다를 수 있으며, 노르웨이가 관리하는 것처럼 그렇게 막대한 자산인 경우에는 그게 정당화될 수도 있겠지만, 일반적으로 봤을 때에는 개별 종목들을 선택(종목 고르기)하는 것보다 지수 하나를 선택해 투자하는 것이 장기적으로는 더 성공적이다.

　늘 기억하고 있어야 할 점이 있다. 가장 좋다고 하는 투자 상품들을 고르는 데에는 다양한 방법이 있지만, 일반적으로 평균적인 시장 참여자들은 시장 평균치보다 더 낮지도 않으면서 더 많은 시간과 노력을 투자하고 있다는 사실이다. 대형 지수들의 개별 종목에 투자하는 것은 그 자체로는 나쁜 결정은 아니다. 이는 위험 분산의 의미도 있다. 하지만 BMW, 지멘스, SAP 및 기타 27개 DAX 종목이나 관련 MSCI 유럽에 포함돼 있는 다른 독일 지수들의 주식을 개별적으로 구매하지는 말라. 다른 나라에 대해서도 마찬가지다. 그것보다는 예를 들어 ETF를 통해 패키지 단위로 매수 지시를 내리는 것이 더 간단하고, 더 빠르고, 더 저렴하다.

너무 적은 일

노르웨이 오일펀드는 노르웨이 자산의 작은 일부에 불과하다. 이 말이 당신을 놀라게 할 수도 있지만, 실제 수치를 보면 확실히 납득이 갈 것이다. 노르웨이 재무부는 오일펀드가 국가 자산의 10%도 차지하지 않을 것으로 전제하고 있다. 물론 노르웨이 앞바다에 거대한 자원의 보고가 아직 잠든 채 존재하고 있다고 당신은 생각할지도 모른다. 완전히 틀린 말은 아니다. 하지만 최초로 석유 채굴이 이루어진 후 45년이 지난 지금, 당신이 생각하는 것만큼 그렇게 많은 양이 남아 있는 건 아니다. 국부 자산 추정치의 약 2.5% 정도 될 뿐이다. 75%에 해당하는 노르웨이 국부 자산의 대부분은 인적 자본이다. 다시 말해 노르웨이인들의 미래 노동력이다. 그리고 나머지는 실물 자산이다. 노르웨이 국부 자산에 관한 이 자료는 정기적으로 업데이트되어 재무부가 온라인으로 게시하고 있다.

만약 당신의 자산과 자금투자를 최적화한다면, 당신도 장차 정기적인 소득을 얻을 수 있음을 잊지 말라. 이 소득이 더 크고 더 신뢰할 만한 것일수록, 당신은 자금투자 시에 더 많은 위험을 감수할 수 있을 것이다. 이를 위해 당신의 미래 소득의 오늘날 가치, 즉 현금 가치를 추정해보도록 하라. 이는 미래의 모든 급여(및 기타 소득)의 합으로 구성되며, 미래로부터 더 많이 떨어져 있을수록 그 가치가 감소한다. 다시 말해, 미래의 소득 50,000유로는 시간에 따라 비율적으로 가치가 감소하고 이로써 현재의 가치보다 더 떨어진다는 뜻이다. 결국, 이 돈은 투자되거나 지출될 수 없다. 간단한 예를 들어보겠다. 만약 할인율이 연간 2%라면, 현재의 1,000유로와 똑같은 가치가 있으려면 1년 후 이 액수는 1,020유로여야 한다.

당신의 나이가 많을수록 미래 자산의 현금 가치는 줄어든다. 왜냐하면 당신이 일할 수 있는 기간이 줄어들고 그래서 비슷한 연봉의 젊은이보다 당신의 소득이 더 적어지기 때문이다.

작더라도 돈을 모으는 것은 좋은 일이고 또 중요하기도 하다. 저 높은 곳에 있는 160,000유로는 꽤 괜찮은 금액이다. 그렇다면 600,000유로는 어떤가? 나이와 소득에 따라서, 당신의 미래 임금의 현금 가치로서 이 600,000유로는 뭐 쉽게 손에 쥘 수도 있는 금액인지도 모른다. 어쩌면 100만 유로 이상도 거뜬할 수 있다. 물론 이 돈을 가지고 가능한 모든 지출에 대해서는 고민해봐야 하겠지만, 어쨌든 당신의 미래 소득이 안정적일수록, 그리고 이것이 주식 시장과 상관관계가 적을수록, 당신이 감행할 수 있는 위험은 더 커진다. 그 사이 당신이 저축해둔 돈에서 예상치 못했던 지출을 해야만 하는 위험이 더 적어지기 때문이기도 하다.

지출 구조 또한 중요하다. 당신이 생활비나 고정 비용이 적게 들어가서 좀 더 적은 돈으로도 버텨나갈 수 있다면, 좀 더 높은 위험을 감행할 수 있다.

너무 적은 국내 투자

국내 경제의 과열과 너무 강한 크로네를 막기 위해 노르웨이 오일펀드는 오직 노르웨이 이외의 지역에만, 그리고 노르웨이 크로네가 아닌 통화에만 투자하고 있다. 이는 오일펀드가 국내 경제에 커다란 영향을 미칠 수 있는 대형 투자자니까 가능한 이야기다.

개인 투자자인 당신은 원칙적으로 자국에 대한 투자를 굳이 피할 필요가 없다. 무엇보다 자국의 화폐를 등한시해서도 안 된다. 오일펀드와는 달리 당신의 구매력은 환율 상승을 유발할 정도로 그리 강하지 않을 것이기 때문이다.

너무 많은 해외 투자

노르웨이 오일펀드는 기본적으로 노르웨이 내에는 투자하지 못하도록 되어 있다. 그러나 초기에는 자산의 상당 부분이 바로 집 앞에 투자된 것을 볼 수가 있다. 주식 투자의 50%가 유럽 종목에 흘러들어간 것이다. 다른 지역에는 이렇게 많이 투자하지 않았다.

개인 투자자들은 거의 전적으로 자국의 국내 기업에 투자하는 경향이 있다. 금융권에서는 이를 자국 편향(home bias)이라고 한다. 투자자들이 자신의 돈을 자기가 잘 알고 있는 국가와 기업에 투자하는 경향을 지칭하는 것이다. 보통 지리적으로, 문화적으로 가까운 곳에 이러한 편향 투자가 이루어진다. 그러나 이것이 안정적이고도 좋은 수익률을 안겨주는 투자 기준은 절대 아니다. 당신에게 많이 친숙하다는 이유만으로 그 기업의 주식이나 지역에 집중적으로 투자하는 일은 피하도록 하라.

너무 많은 등락

그렇다. 당신이 제대로 읽은 게 맞다. 노르웨이 오일펀드는 너무 자주 등락을 반복한다. 그런데 전문용어로는 주가변동성(volatility)이라고 부르는 이러한 변동은 금융시장의 특성이고 이것이 금융시장을 유지시키고 있는 것이 아니냐고 당신은 이제 말할 수 있게 됐다. 당신 말이 전적으로 옳다. 그리고 정말 중요한 점을 짚어냈다. 하지만 당신의 미래펀드에 있어서 이 말은 주식에만 적용된다. 채권은 가능한 한 안정적이어야 한다. 결국 당신의 포트폴리오에서 채권은 위험을 최소화하기 위해 마련하는 것이기 때문이다.

오일펀드 자산의 분배에 관한 최근 자산등급 자료를 보면, 주식에 70%, 채권에 30% 투자되어 있다. 이 채권 비율은 포트폴리오의 안정성을 확보하기 위한 것이다. 실제로 노르웨이의 경우, 지난 수년간 채권의 수익률은 주식의 수익률보다 변동이 훨씬 더 적은 것으로 나타나고 있다. 물론 1년 사이에 주식에서도 보기 힘든 그러한 높은 수익률을 내는 채권도 상당히 있었지만 말이다. 예를 들어, 2016년 브라질 국채는 무려 60%나 증가했다. 오일펀드의 입장에서 이는 그해 굉장한 수익이었다. 하지만 이 국채의 실적은 다른 해에는 이와 똑같이 크게 하락할 수도 있다. 개인 투자자로서 당신이 만약 채권을 계좌의 변동을 잡아주는 닻으로 사용하고자 한다면, 이렇게 변동성이 높은 것들은 피하는 것이 좋다. 주식 같은 성격을 가진 채권은 필요가 없다.

게다가 환위험도 있다. 주식과 같은 장기 투자에서는 이를 무시할 수 있다. 하지만 (잔여) 유효 기간이 보통 몇 달 혹은 몇 년밖에 되지 않는 채권의 경우에는 환율 변동에 따른 위험을 되도록 피해야만 할 것이다. 이는 당신이 국내 통화로 발행되는 채권에만 투자함으로써 해결할 수 있는 문제다.

2017년 가을 NBIM이 제안한 채권 비율의 변경은 국채 및 주요 통화인 유로, 미국 달러, 그리고 영국 파운드에만 투자할 것을 내용으로 하고 있다. 이는 환위험을 감소시킨다. 노르웨이 크로네는 어쨌거나 이미 금지되고 있다. 국내 통화에 대한 투자가 금지되고 있기 때문이다. 이제 노르웨이의 핵심 무역상대국들의 주요 통화로만 투자를 제한한 것은 자국 통화 투자 제한에 대한 최고의 대안이라고 하겠다. 회사채는 종종 국채보다 더 높은 수익을 내기도 하지만, 대신 더 크게 변동한다. 따라서 차라리 그냥 주식에 투자하는 것이 더 낫다. 포트폴리오의 주식 비율이 이를 다 커버한다. 포트폴리오에 좀 더 안전을 기하는 차원에서 회사채에 대한 투자는 하지 않고 있다.

다음 7가지 질문에 '예'라고 답할 수 있다면, 당신은 노르웨이 오일펀드에서 받아들여서는 안 되는 점들을 다 이해한 것이라고 볼 수 있다.

1. 당신의 판단을 왜곡시키는 지나치게 상세한 정보에 빠지는 일 없이, 당신의 미래펀드에 대해 전체적으로 잘 파악하고 있는가?

2. 당신의 미래펀드가 최대 12개의 ETF(부동산 ETF 제외)에 분산 투자되어 있으며 각각의 ETF가 펀드 총액의 최소 2%를 넘지 않고 있는가?

3. 미래펀드를 일단 만든 후에 그 운용을 위해 한 달에 2시간이 넘지 않는 시간을 투자하고 있는가?

4. 당신의 총 자본이 당신의 미래펀드보다 훨씬 더 크다는 사실을 고려했는가? 그리고 거기에 다른 유가물이나 현금, 특히 당신의 미래 소득까지도 포함시켰는가?

5. 당신이 사는 지역을 포함한 이웃 나라와 지역에 투자하되, 그 지역의 기업들이 당신의 미래펀드를 지배하지 않도록 해 놓았는가?

6. 혹시 당신에게 제공된 사주를 경제적으로 이득을 보는 선에

서 필요한 만큼만 보유하고 있는가?

7. 당신의 미래펀드의 채권 등급 중에서 회사채 및 외환에 대한
투자는 제외했는가?

8.

그럼에도 불구하고 대다수가
'노르웨이식으로' 투자하지 않는 이유

노르웨이의 모델에 따라 정말로 성공적으로 투자하기 위해서는, 왜 그렇게 많은 개인 투자자들이 실제로 이렇게 간단하고 논리적이며 유망한 전략을 따르지 않는지에 대해서도 이해할 필요가 있다. 소규모 투자자들이 높은 수익률을 좇아 값비싼 사냥에 나서면서도 장기적으로는 이렇다 할 성공을 거두지 못하는 사실 뒤에 숨어 있는 그 심리적인 이유와, 이로써 너무나도 인간적인 약점들을 당신이 잘 알게 된다면, 이러한 실수를 피하기가 한결 쉬워진다. 그렇게 되면 당신은 정말로 노르웨이의 금융공식을 이용해 장기적으로 성공을 거둘 수 있을 것이다.

실제로 개인 투자자들이 주식 시장에서 시장 평균보다 더 좋은 성과를 내지 못하고 있음을 보여주는 수많은 조사 결과에도 불구하고, 많은 사람들은 자기 자신의 직관이나 특정한 팁만 잘 이용하면 나머지 다른 사람들 혹은 시장보다 더 잘할 수 있다고 믿는다. 그러나 노르웨이 오일펀드의 전략을 모방하고 있는 이 책의 생각은 이와 다르다. 즉, 적은 노력으로 시장을 따르면서도 지금까지보다 더 많은 수익을 내겠다는 것이다. 당신은 아직도 이 점에 확신이 없는가? 그보다는 차라리 훌륭한 팁이나 당신 자신의 감을 믿으면 시장보다 더 좋은 결과를 낼 수 있다고 생각하는가? 당신만이 아니라, 안타깝게도, 많은 사람들이 이런 생각을 한다. 이제 마지막으로 당신은 어째서 사람들이 계속 자기가 주식시장에서 대다수의 다른 사람들보다 더 잘할 수 있다는 잘못된 믿음을 가지면서 장기적으로는 평균 이하의 결과만을 거두게 되는지 살펴보게 될 것이다. 이를 제대로 이해한다면, 당신은 확신을 가지고 노르웨이의 접근법을 따를 수 있다.

> 여러 연구 결과에 따르면, 평균적으로 개인 투자자들은 시장보다 나을 것이 없다. 그럼에도 불구하고 많은 투자자들은 자기가 시장을 이길 수 있다고 생각하지만 결국에는 더 나쁜 결과를 초래할 뿐이다. 이러한 오산은 다음과 같은 아주 간단한 문장으로 설명할 수 있다. "실수는 인간적이다." 가장 중요한 실수들을 당신이 이해하게 되면, 당신은 이전보다 더 합리적으로 투자하고 이로써 더 성공하는 법을 배울 수 있을 것이다.

인간은 이성적이지 않다

인간은 완벽하게 합리적인 존재가 아니다. 뭐, 그래도 나쁠 건 없다. 그런데 전통적인 경제학에서 보는 관점은 다르다. 경제학자들에 따르면, 인간은 호모 에코노미쿠스(homo economicus), 즉 모든 결정 과정에서 자신의 이익을 극대화하고, 이를 신속하게 계산하며, 항상 일관적으로 행동하는 존재다. 이러한 생각은 노벨상 수상학

자인 게리 베커(Garry Becker)의 세계적으로 유명한 경제학 논문에
도 잘 나타나 있다. 여기에는 파트너 선택도 합리적으로 해결할 수
있는 시장 문제로 간주되고 있다(좋은 파트너는 결국 희소한 자원이니까
맞는 말이긴 하다). 그런데 이게 그렇지 않다는 것을 우리는 일상생활
을 통해 알고 있다. 그렇기 때문에 고전 경제학자들이 아무리 높은
보수를 받고 훌륭한 상을 받았다 하더라도 우리는 건전한 인간 오
성과 감정이라는 것이 어느 정도 앞서 있다고 보는 것이다.

최근, 숫자를 주로 다루는 사람들조차 결정을 내릴 때에는 알
고리즘을 이용해 기계처럼 결정하는 것이 아니라, 경험 법칙과 본
능을 이용한다는 것이 드러났다. 이러한 명제를 인정하고 연구
하는 경제학자들이 행동경제학(behavioural economics)을 창시했다.
2017년 노벨 경제학상을 수상한 미국의 경제학자 리처드 탈러가
이 분야에서 유명하며 독일에는 쾰른 대학의 경제학 교수인 악셀
오켄펠스(Axel Ockenfels)가 있다. 이들은 인간의 행동을 관찰함으로
써 많은 기본적인 패턴을 발견했는데, 이 패턴들이 우리들 대부분
의 인식과 투자 행동에서 중요한 역할을 하는 것으로 추정된다.

이러한 너무나도 인간적인 실수들을 숙지하고 있는 사람은 이
실수들을 좀 더 쉽게 피할 수 있다. 그래서 그중 대표적인 것들을
당신에게 소개하고자 한다.

자기 과신

학자들의 관찰에 따르면 사람들은 종종 스스로를 과대평가한다.

당신은 운전을 잘 못하는 50%에 속하는 운전자들보다 당신이 운전을 더 잘한다고 생각하는가? 나도 그렇다. 이제 거리로 나가거나 아니면 주변 사람들에게 한 번 물어보라. 아마도 질문을 받은 사람의 절반 이상은 자기들이 운전을 잘 못하는 50%의 사람들보다 운전을 더 잘한다고 대답할 것이다. 그런데 이건 통계학적으로 있을 수 없는 답변이다. 왜냐하면 이런 식으로 하면 합계가 100%를 넘기 때문이다. 만약 당신이 길거리에서 1,000명에게 물어보면서, 스스로를 평균 이상으로 생각하는 사람들을 한쪽 구석으로 데려간다면, 그 숫자가 아마 640명은 될 것이다. 하지만 통계학적으로 절반이 되려면 500명까지만 허용된다. 그러니까 이 경우 140명이 잘못 생각하고 있는 것이다.

주식 투자도 이와 비슷하다. 여기에서도 대다수는 스스로가 시장보다 더 잘하고 있다는 자신감을 보인다. 그러나 시장은 그저 투자자들의 합계일 뿐이며 투자자들 대다수가 시장보다 더 나은 결과를 내는 것은 불가능하다.

이러한 현상은 자기 과신(overconfidence)이라고 불린다. 가끔은 스스로에게 확신을 가지는 것이 좋을 수도 있다. 자신감을 가지고 사업이나 인간관계를 시작하는 사람은 경우에 따라서 더 좋은 결과를 내기도 한다. 이럴 경우 이는 일종의 자기 충족적 예언(self-fulfilling prophecy)이 될 수 있다. 스스로를 믿고 거기에 따라서 행동하기 때문에 나타날 수 있는 결과인 것이다. 이는 인간관계나 사업에서는 효과적일 수 있다. 그러나 이러한 심리적인 영향은 금융시장에서는 통하지 않는다. 당신이 개별 주주로서 그저 그렇게 믿는다고 해서 무조건 잘되는 부문이나 기업이라는 것은 존재할 수 없기 때문이다. 자기 과신은 그러니까 고작해야 자기 기만일 뿐이다.

사후 과잉확신 편향

사람들은 자신의 가정이 지금까지 꽤 잘 맞았다 싶은 인상을 받으면, 스스로를 과신하는 경향이 있다. 이로써 자기 과신은 사후 과잉확신 편향(hindsight bias)을 통해 더욱 강화된다. 이는 좋은 방향의 전개든 아니면 나쁜 방향의 전개든 나중에 가서는 "늘 이미 알고 있었다"라고 말하면서 스스로를 '합리화'하는 현상을 지칭한다.

브렉시트 투표 직후 영국 주식시장의 급락, 혹은 2001년 9.11 테러나 2008년 금융위기 직후의 폭락과 그에 뒤이은 시장 회복에 대해서 얼마나 많은 사람들이 나중에 다음과 같이 말했던가? "그건 명백히 과잉반응이었다. 주식이라는 게 잠시 폭락하긴 하지만 결국에는 다시 회복하게 돼 있지 않았는가?"라고 말이다. 하지만 나중에 이렇게 주장했던 사람들이 이런 사실을 늘 분명히 알고 있었다면, 이들은 왜 주가 폭락 시에 주식을 대규모 매수했다가 나중에 회복세에 매도함으로써 큰돈을 벌어들이지 않았을까? 그랬더라면 이들은 분명히 시장보다 훨씬 더 높은 수익을 냈을 텐데 말이다. 결국 그들은 늘 그 사실을 알고 있었던 것이 아니라, 다만 나중에 가서 이렇게 주장하는 것일 뿐이다. 이로써 시장 평균을 웃도는 투자를 한다는 것은 결국에는 우연일 뿐이라는 주장에 더욱 힘이 실리고 있다.

통제의 환상

통제의 환상(illusion of control)이란, 일의 대부분이 자신의 손에 달렸으며 무엇보다 성공은 자신의 능력 때문이지 우연이나 행운에 기인한 것이 아니라는 생각을 말한다.

　많은 투자자들이 스스로를 시장보다 더 낫다고 생각하고, 어떤 투자자들은 자기들이 지속적으로 나머지 다른 사람들보다 훨씬 더 나은 결과를 내고 있다고 믿는다면, 이게 맞는 걸까? 이것이 통계적으로 가능하려면, 지속적으로 평균보다 더 못한 결과를 내는 사람들이 충분히 존재해야만 할 것이다. 이에 대해서도, 그러한 성공이 의식적인 현명한 결정에 기반을 둔 것이 아니며 평균 이상의 성과는 그저 우연일 뿐임을 보여주는 다양한 학문적인 조사 결과가 있다. 다시 한 번 말하지만, 평균적인 시장 참여자는 대체로 시장을 이기지 못한다. 이것만으로도 만족해야 할 것이다. 노르웨이 오일펀드가 내고 있는 것과 같은 결과는, 끊임없이 비싼 거래 수수료를 내면서 잘못 운영되고 있는 포트폴리오나 아니면 정기예금이 가져다주는 결과보다 훨씬 더 낫기 때문이다.

투자자가 특별히 유의해야 하는 때

1. 누군가 당신에게 아주 핫한 투자 정보라면서 엄청난 수익이 보장되고 또 안전하다고 말한다면, "죄송하지만 됐습니다"라고 말하라. 이런 사람들은 보통 자기 과신을 하면서 당신도 자기를 믿어주길 바란다. 그러나 이 경우 돈을 버는 사람은 당신이 아니라 그 사람일 확률이 백 퍼센트다.

2. 2008년 금융위기나 다른 시장 폭락 사태를 예상한 이른바 주가폭락 예언자들에 대해서도 비판적인 입장을 취하라. 이들의 '예언'이라고 하는 것은 뒤늦게야 합리화할 수 있는 우연한 적중이었을 뿐이다.

3. 테슬라나 비트코인 관련 주식 등 특정한 개별 투자상품들이 한동안 아주 잘나갔는데 당신이 이러한 붐을 놓쳤다고 해서 화내지 말라. 이런 사실은 당연히 뒤늦게야 드러나는 것이고, 그제야 비로소 그 상품들의 가치가 폭등하는 게 당연했던 것처럼 비쳐진다. 이것 역시 사후 과잉확신 편향에 불과하다.

맺음말

가장 완벽한 투자 타이밍이 있다면
그건 바로 지금!

축하한다! 당신은 해냈다. 지금까지 노르웨이 오일펀드와 거기에서 파생된 개인 투자자를 위한 최적의 전략에 관한 내용을 깊이 있게 살펴봤다. 어쩌면 당신은 여기까지 읽어오면서 그동안 가졌던 잘못된 생각들을 몰아내야 했을 수도 있다. 대신 이제 금융시장을 훨씬 더 잘 이해하고, 장기적으로 경제적인 성공을 거둘 수 있는 가능성을 어떻게 하면 높일 수 있는지 알게 됐을 것이다.

이 책을 다시 한 번 차분히 읽어보라. 그리고 당신의 현재 및 미래의 재정 상황을 계산해보고, 은행들의 구체적인 투자 상품과 서비스에 관한 정보를 인터넷에서 찾아보면서 당신의 미래펀드를 착실하게 준비하도록 하라. 다만, 결정을 내리기까지 너무 오래 지체하지는 말라. 적절한 시장 진입 타이밍이라는 건 결국에는 허상일 뿐이다. 당신 자신을 위해 노르웨이 투자공식을 이행하는 가장 완벽한 타이밍은 딱 하나밖에 없다. 바로 지금이다!

이제 당신은 노르웨이와 마찬가지로 경제적으로 안전한 미래를 맞이할 준비가 되어 있어야 한다. 이 책을 읽기 전까지만 해도 당신은 아마도 대다수 사람들처럼 투자를 전혀 하지 않았거나, 하고 있었더라도 상당히 비전문적으로 하고 있었을 것이다. 하지만 이제 당신은 노르웨이에서 배울 점들을 이해하고 내면화했다. 이로써 당신은 앞으로 10년, 20년, 아니 30년 동안 안정적인 자산을 쌓아나갈 수 있는 좋은 기회를 갖게 됐다. 여기에는 돈도 그렇게 많이 들지 않을 뿐만 아니라, 무엇보다 시간과 노력도 그렇게 많이 필요하지 않다. 이와 동시에 당신은 자산 투자에 대한 윤리적인 요구사항까지 마련했다. 나는 이 두 가지 점이 경제적인 이점만큼이나 매우 중요하다고 생각하며, 이 점에 있어서 우리는 모두 노르웨이와 노르웨이인들로부터 어느 정도 배울 점이 있을 것 같다.

주야장천 집에서 컴퓨터 앞에 앉아 지수보다 더 좋은 성과를 내려고 시도하다가 오히려 시장 평균보다 더 나쁜 실적을 내고 좌절하는 대신, 느긋하게 노르웨이 투자공식을 이용하면서 인생을 즐기도록 하라. 윤리적인 투자 상품 덕분에 양심의 가책도 크게 덜 수 있을 것이다. 이렇게 되면 당신은 어느 정도 노르웨이적이 된 것이다. 여가와 휴식, 그리고 자연은 노르웨이인들에게 돈보다 더 높은 가치를 지니는 것이기 때문이다.

김세나

한국외국어대학교 독어과와 같은 대학 통역번역대학원을 졸업했다. 현재 한국외국어대학교 통역번역센터 연구원, 서울중앙지방법원과 서울고등법원 법정 통역사, 국제회의통역사, KBS 동시통역사로 활동하고 있으며, 번역 에이전시 엔터스코리아에서 출판기획 및 전문 번역가로 활동하고 있다. 주요 역서로는 『누가 미래의 자동차를 지배할』, 『보도 섀퍼의 부자 전략』, 『피자는 어떻게 세계를 정복했는가』, 『성공의 조건』, 『부자파파의 머니테크』, 『나는 유독 그 사람이 힘들다』 등 다수가 있다.

꾸준히, 조금씩, 착하게,
세계 최고의 부를 이룬 북유럽 투자의 롤모델

노르웨이처럼 투자하라

초판 1쇄 발행 2019년 2월 1일
초판 4쇄 발행 2023년 1월 10일

지은이 클레멘스 봄스도르프
옮긴이 김세나
펴낸이 성의현
펴낸곳 미래의창

책임편집 김성옥
디자인 공미향

등록 제10-1962호 (2000년 5월 3일)
주소 서울시 마포구 잔다리로 62-1 미래의창빌딩 (서교동 376-15, 5층)
전화 02-338-5175 **팩스** 02-338-5140
홈페이지 www.miraebook.co.kr
ISBN 978-89-5989-567-0 03320

※ 책값은 뒤표지에 있습니다.

이 도서의 국립중앙도서관 출판예정도서목록(CIP)은 서지정보유통지원시스템 홈페이지(http://seoji.nl.go.kr)와 국가자료공동목록시스템(http://www.nl.go.kr/kolisnet)에서 이용하실 수 있습니다.(CIP제어번호: 2019000682)

생각이 글이 되고, 글이 책이 되는 놀라운 경험. 미래의창과 함께라면 가능합니다.
책을 통해 여러분의 생각과 아이디어를 더 많은 사람들과 공유하시기 바랍니다.
투고메일 togo@miraebook.co.kr (홈페이지와 블로그에서 양식을 다운로드하세요)
제휴 및 기타 문의 ask@miraebook.co.kr